Wolf-D. Hartmann

# REISE zu Adenauer

Brandenburgischer Akademieverlag

Wolf-D. Hartmann

# REISE zu Adenauer

BAV

Die Deutsche Nationalbibliothek –
Bibliographische Information
Die Deutsche Nationalbibliothek verzeichnet diese Publikation in der Deutschen Nationalbibliographie; detaillierte bibliographische Daten sind im Internet über http://d-nb.de abrufbar.

CIP-Einheitsaufnahme:
Hartmann, Wolf-D.: Reise zu Adenauer. - Bad Saarow: Brandenburgischer Akademieverlag. bagut e.V., 2024.
ISBN: 978-3-910628-05-2

Herstellung: BoD – Books on Demand, Norderstedt 2024.
Gesamtproduktion: Printed in Germany,

# Erster Enkelbesuch nach Corona

Jede Reise dient mehr als einem Zweck, auch wenn sich das manchmal erst unterwegs zeigt. Die Brandenburger Großeltern wollten nach zweieinhalb Jahren Pandemie und Krankheit vor allem die Rheinländer Enkel wiedersehen.

Als Familienvater und Chauffeur verschwieg Karl seine weitergehenden Interessen, um nicht als Familienmuffel gebrandmarkt zu werden.

Der Reisebeginn von Bad Saarow nach Bad Honnef kurz nach Ostern erwies sich schon nach dem Start am frühen Morgen als Flop. Karls Frau Ines hatte den einzigen Briefkastenschlüssel nicht am vereinbarten Ort abgelegt, sondern versehentlich noch in der eigenen Jackentasche. Da sie die erst nach Erwärmen des Autos auszog, entdeckte sie den blinden Passagier in der eigenen Steppjacke zu spät.

Karl fluchte laut und grob. Er hasste es, nochmal umzudrehen und fragte regelmäßig vergeblich, ob nichts vergessen worden sei. Die Reisewilligen spekulierten, zunächst noch kurz, ob Anna als

Hilfsengel während der rund einwöchigen Abwesenheit die Post, Zeitungen und Zeitschriften per Grillzange aus dem Schlitz des Briefkastens fischen könnte. Sie blieben skeptisch. Nach kurzer Diskussion drehte Karl dann genervt um.

Ihm ging Goethes mehrfacher Abbruch seiner Italienreise 1786 durch den Sinn. Wenn dessen Reisen unter unglücklichem Vorzeichen wie einem Radbruch standen, verzichtete er lieber ganz auf die Tour, größeres Unglück befürchtend.

Karls lautes, daraus folgendes Überlegen, die nachösterliche Reise zu den Enkeln und ihrer Tochter Debby nach Bad Honnef bei Bonn abzubrechen, stieß auf energischen Widerstand seiner längst sieben mal sieben Jahre alten erstgeborenen Tochter Sylvi. Die an der Umkehr Schuldige sagte lieber nichts, hielt sein Theater über den Rückwärtsschlenker aber für völlig übertrieben.

Nach dem Anhängen des Briefkastenschlüssels mit dickem Schmuckherzen aus Edelstahl am vorgesehenen drehbaren Schuhschrank schwieg Karl eine halbe Stunde, ließ sich dann jedoch schnell wieder auf die Vorfreude der beiden ein.

Die Mitfahrerinnen begannen gegen 7.30 Uhr ohne Hemmungen oder Rücksicht auf die möglichen Essensspuren im Wagen zu frühstücken.

Seinem Mahnen, ja nichts zu verplempern, wenn schon die Reisezeit wertlos wäre, hielten sie auffangbereite Küchentücher aus Stoff entgegen. Er ließ sich überzeugen, selbst ein kleines Brötchen zu nehmen, ohne anzuhalten.

Als könne seine Tochter Gedanken lesen, behauptete sie, mit dem Fehlstart sei das schlechte Karma weg und sie könnten sich auf entspanntes Reisen freuen.

Seine Frau schwärmte von den Kinderaugen und freudigen Erwartungen ihres Besuches bei der inzwischen alleinerziehenden Neu-Rheinländerin Debby. Trotz familientherapeutischer Fähigkeiten ihrerseits scheiterte die eigene Ehe oder wurde, besser gesagt, im gegenseitigen Einverständnis beendet.

Ein Ortswechsel in Richtung Osten kam wegen der schulpflichtigen beiden Jungs Tim mit jetzt 16 und Jörg mit auch schon 14 Jahren nicht in Frage. Karls Vorschlag, die Scheidung zu einem Umzug aus der Bonner Region zurück in die Hauptstadt Berlin oder in ihre Nähe zu nutzen, fand daher kein Gehör. Seine heimliche Vermutung, Debby wäre schon zu lange im Westen, verschwieg er lieber. Sie verließ das Elternhaus auf Karls Drängen zu einem Studium in Linz in Österreich schon mit 18 Jahren, weil damals im Westen diskutiert wurde, ob das ostdeutsche Abitur anzuerkennen wäre.

Obschon das Ferienende nach den Ostertagen und der gewöhnliche Reiseverkehr am Dienstag in Richtung Westen den Stauvorhersagen entsprachen, kamen sie nach dem Berliner Ring auf der dreispurig ausgebauten Autobahn gut voran.

Seine Frau Ines verfolgte aufmerksam mit Sylvi jeden grünen Schimmer und sie freuten sich darüber. Ein paar Frühlingslieder der beiden Sangesfreudigen im Auto verkürzte die Route zusätzlich und weckte Erinnerungen an frühere Autofahrten mit ihren beiden Töchtern, als sie noch klein waren.

Damals glänzte Debby bei der Überlegung, endlich ein über den Trabbi hinausgehendes größeres Auto auf dem Gebrauchtmarkt zu erwerben, mit ernüchternden Ansichten:

„Mir wird in jedem Auto schlecht, ob groß oder klein."

Dann erbrach sie sich in einen vorsorglich von ihrer älteren Schwester Sylvi bereitgehaltenen Nachttopf. Sie hielten damals kurz an und dann ging es mit der Vorgabe der Lehrerin Mama weiter:

„Ihr müsst singen, dann wird euch nicht schlecht."

Für gewöhnlich ergänzte sie mit Blick auf Karl:

„Ein ruhigerer Fahrstil wäre natürlich auch nützlich.“

Nach diesem Seitenhieb auf seine Fahrweise stimmte sie an und die Kinder sangen brav mit.

Allerdings wäre in deren jungen Jahren eine Reise von der Spree an den Rhein völlig undurchführbar gewesen, wie sie sich beim Passieren der Gedenkstätte „Deutsche Einheit“ bei Marienborn/Helmstedt auf der A2 lebhaft erinnerten. Die Grenze zwischen Ost und West mit einem Todestreifen war außerhalb der wenigen Transitstrecken unpassierbar.

Entsprechend innbrünstig sangen sie alle froh gestimmt das Lied „Die Gedanken sind frei“.

Ein bisschen verträumt äußerte Karl beim Passieren der ehemaligen Staatsgrenze, dass eine Wiedervereinigung ja schon viel früher bei Beachtung der sogenannten Stalin-Noten an die Westmächte möglich gewesen wäre.

Dank mangelnder Geschichtskenntnisse der Mitfahrenden fand sein Gedankenspiel keinen Widerhall.

Auf Nachhaken von Karl ortete seine Frau als Mathe-Physiklehrerin naheliegenderweise Noten zunächst als Schulnoten, alternativ als Gesangsnoten ein.

„Was haben Noten des Sowjetdiktators denn mit der Wiedervereinigung zu tun oder meinst du Noten als Gesangsvorlagen?“

Karl erklärte kurz, dass es sich bei den sogenannten Stalin Noten um diplomatische Briefe aus der Zeit des Kalten Krieges von Moskau an die anderen drei Siegermächte handele.

„Das waren Vorschläge von Stalin Anfang der fünfziger Jahre zur Wiedervereinigung Deutschlands bei Neutralität statt Westintegration und NATO-Beitritt.“

Er verzichtete verkehrsbedingt auf weitere Erklärungen, kündigte aber schon mal an, diesmal in jedem Fall das Adenauer-Haus im Honnefer Stadtteil Rhöndorf besichtigen zu wollen, am besten mit der ganzen Familie. Damit hatte er einen für ihn über den Enkelbesuch hinausgehenden weiteren Reisezweck erklärt.

*Bild 1: Konrad Adenauers Wohnhaus in Rhöndorf*

Um seinen Besuchswunsch des Adenauer-Hauses verständnisvoller im Hinblick auf ihre eigene Enkelmission erscheinen zu lassen, ergänzte er:

„Adenauer hatte sieben Kinder, allerdings von zwei seiner Angetrauten, und 21 Enkel. Da war bestimmt einiges los in seinem Haus in Rhöndorf, wobei man sich angesichts der Dimension des Hauses schon fragen kann, wo die alle schliefen, wenn die Familie vollzählig war."

Die Mitreisenden Ines und Sylvi schwiegen zu seinem Vorschlag, schon um ihn nicht zu enttäuschen, sondern wollten die Tagesplanung mit den zu Besuchenden abstimmen. Dagegen ließ sich nichts einwenden, auch wenn Karl an seinem über den Familienbesuch hinausgehenden Wunsch innerlich festhielt. Schon beim Erstbesuch kurz nach dem Umzug ihrer Tochter stand er vor dem Haus, aber keiner wollte mit rein.

Die inzwischen so gut wie zur Rheinländerin gewordene Jüngste bot angesichts der Handyinformationen über die Reisefortschritte telefonisch an, noch fix einen Kuchen zu backen. Debby griff daraufhin zum Rührlöffel und den Zutaten und schaffte einen schmackhaften Apfelkuchen bis zur Ankunft.

Laut Navi betrug die Gesamtstrecke von Bad Saarow nach Bad Honnef 645 km. Die Ankunftszeit entsprach zunächst offenbar einer Luftlinien-Berechnung, kam dann aber mit rund sieben Stunden Karls Schätzung nahe. Sylvi kontrollierte die Fahrzeiten während des Reisens gern mit ihrem Handy und Google Maps. Wenn sie dabei ein Kommando hörte, kam das in Französisch.

Sie erklärte das damit, dass sie die gerade erst vor wenigen Wochen beendete Erneuerung ihrer Französischkenntnisse nicht aufgeben wollte und daher diese App in Französisch sehe und höre. Karl wusste nicht einmal, dass es so etwas gab, und sorgte sich etwas, ob ihre hin und wieder aufpoppenden Auswanderungspläne wieder aktuell wären.

Dank High-Tech-Ausstattung des Autos wurden sowohl Standard- als auch Mobil-Blitzer rechtzeitig erkannt und der Wagen schien fast automatisch abzubremsen. So doppelt gut gelaunt kamen sie im von Debby vorgebuchten Seminaris Hotel in Bad Honnef an, wo sie ihre Jüngste herzlich begrüßte.

Karl und Ines wählten dieses Hotel, weil sich die Wohnung ihrer Tochter in Bad Honnef nach der Ehescheidung für drei Besucher als Schlafgäste eher schlecht eignete. Seine Frau Ines fürchtete über die räumlichen Probleme des Unterbringens von drei Gästen hinaus, dass Karls Schlafgeräusche den Rest von Sympathie bei den Enkeln verspielen könnten.

Erstaunlicherweise musste Debby sich im Hotel persönlich ausweisen und erklären, dass ihre Eltern hier übernachten würden. Karl gab sich Mühe, darin kein Misstrauensvotum gegenüber ostwärts von der Elbe Kommenden zu sehen.

Ihm war das Hotel mit Blick auf die anstehenden Halbfinal-Spiele im DFB-Pokal, die er nur ungern durch den Familienbesuch verpassen wollte, sehr lieb. Der große neue Flachbildschirm gegenüber dem Bett tröstete ihn über das Standardzimmer hinweg. Dadurch ließen sich die Spiele am Dienstag und Mittwochabend auch gut aus der Liegeposition betrachten. Allerdings galt es, beim Nippen an einem Rotweinglas vorsichtig zu sein.

*Bild 2: Standardzimmer im Seminaris Hotel*

Seine Enkel interessierten sich bedauerlicherweise beide nicht für Fußball, selbst wenn sie oft an der BayArena der Werkself von Bayer Leverkusen vorbeifuhren. Diese bereitete im Jahr 2024 allen Nicht-Bayern-München Fans besondere Freude durch Stabilität im Gewinnen und da sie schon vorzeitig erstmals Deutscher Meister wurde.

Irritationen lösten beim Einchecken die Parkgebühren des Hotels und auf der Alexandervon-Humboldt-Straße aus, weil Karl im Internet noch etwas von kostenlosem Abstellen im Außenbereich des Hotels gelesen hatte. Seinen Sparfüchsinnen erschienen 12 Euro für einen Tag zu viel und sie rieten besser zum kostenfreien Parken des Autos vor Debbys Wohnung, da nach so langer Autofahrt ein Spaziergang nach dem gemeinsamen Abendbrot nur gut sein könnte.

Karl stimmte zu.

Seiner Frau fehlte es im Seminaris Hotel nicht so sehr an Raum oder sonstigem Komfort, sondern an Kleiderhaken für die Outdoor-Garderobe. Es gab nicht einen einzigen, weder im schmalen Eingangsbereich noch im Raum oder schlicht an der Tür, sondern nur Bügel im Schrank.

Sie sorgte sich, dass bei dem angekündigten Regenwetter die Anoraks nicht trocknen könnten. Karl stimmte zu, dass sich die Innenarchitekten mehr mit Praktischem hätten beschäftigen müssen. Aber wer sagte denn, dass es wirklich regnen würde?

Zugleich verwies er zum wiederholten Male auf den vergessenen Bad Saarower Humoristen Gustav Hochstetter und seine „Kleine List“ gegen Sorgen von Morgen in Versform:

*„Vertage die Sorgen*
*Von heute auf Morgen!*
*Und wenn dir täglich der Trick gelang,*
*Dann lebst du g l ü c k l i c h ein Leben lang.“*

Seine neu entdeckte Leidenschaft für Hochstetter hing damit zusammen, dass er die für den jüdisch-

*Bild 3: Gustav und Elisabeth Hochstetter, Stolpersteine in Bad Saarow -Pieskow, Karl-Marx-Damm 99*

deutschen Autor Gustav Hochstetter und seine Tochter Elisabeth in Bad Saarow verlegten Stolpersteine vor ihrem ehemaligen Anwesen putzte.

Hochstetter kam 1944 in Theresienstadt um und seine Tochter galt schon früher als in Minsk verschollen.

Karls Interesse an Hochstetters Schaffen wuchs, nachdem er im Archiv des Museums Fürstenwalde[1] eine bisher unveröffentlichte Autobiografie von ihm unter dem Titel „Ein Humoristen-Leben. Heitere Erinnerungen“ gemeinsam mit dem Museumsdirektor von Fürstenwalde/Spree entdeckte.
Die geplante erste Herausgabe der bisher unveröffentlichten Memoiren versprach viel Spannendes. Karl erhoffte sich auch Einblicke in Details der Deportation nach Theresienstadt, das als „Altersghetto“ und Vorzeigelager besondere Bedingungen in der Naziherrschaft nach außen repräsentierte.

Auch in Bad Honnef entdeckte Karl schon beim ersten Besuch Stolpersteine für jüdische Vertriebene, die der Künstler Gunter Demnig hier wie in Saarow verlegte, um an die Vertreibung von jüdischen Mitbürgern durch die Nazis zu erinnern[2]. Viele denken heutzutage am liebsten gar nicht mehr

[1] https://www.museum-fuerstenwalde.de/

[2] Gunter Demnig (geb. 27. Oktober in Berlin), Künstler. Er verlegt die Stolpersteine seit 1996 zur Erinnerung an die Opfer des Nationalsozialismus.

an diese Vertreibung und Vernichtung einstiger Nachbarn.

Karl nahm im Hotelzimmer einen Stuhl als Ersatz für die fehlenden Kleiderhaken und überließ den Sessel seiner Besorgten, obwohl sich dessen Lehne noch schlechter zum Ablegen von Garderobe eignete.

Sie beschäftigte der Hakenmangel lebhaft und nur seine Weigerung, sich deshalb gleich beim Personal unbeliebt zu machen oder gar umzuziehen, überzeugte sie.

Vor weiteren Mangeldiskussionen der spartanischen Ausstattung schützte Karl ein Anruf seines alten Freundes Rollo aus Düsseldorf. Sie wollten sich am Rande des Familientreffens gleichfalls bei ihm oder in Köln/Bonn verabreden. Das Treffen mit seinem einzigen nach langen Jahren im nahen Ruhrgebiet verbliebenen Freund aus dem Westen war für Karl aus dem Osten ein immer willkommener weiterer Reiseanlass. Sie trafen sich normalerweise wenigstens zweimal jährlich, nur unterbrochen durch die Pandemie.

Dem alten Freund aus der Modebranche krabbelte mindestens noch einmal pro Woche der ehemals weltweit agierende Konfektions-Unternehmer und Fußballfan Klaus Steilmann aus

Wattenscheid als Inhaber der Steilmann-Gruppe über die Bettdecke. So beschrieb Rollo seine Träume und Traumata aus seiner Zeit als Mitgeschäftsführer in der Bekleidungsgruppe gern.

Karl stimmte ihm zu, weil es ihm ähnlich mit den Erinnerungen an alte Zeiten im Ruhgebiet nach der Wende ging. Sie freuten sich auf das Wiedersehen und den Austausch über längst nicht mehr Änderbares. Aber es tat gut, sich gegenseitig im Bedauern und ein bisschen Gossip[3] über andere Kollegen wie zwei Krücken zu stützen. Sie vereinbarten ein Treffen am nächsten Nachmittag.

Ohne Garderobenwechsel und Dusche nach der langen Autofahrt ging es danach zu den Enkeln und ihrer Tochter.

Natürlich staunten alle gebührend über Wachstumsfortschritte und neue männlichere Züge der halbwüchsigen Jungs. Die Großeltern hatten beide pandemiebedingt und durch eigene Krankheiten über zwei Jahre nicht gesehen. Ihre Stimmen klangen ganz anders und die Tonalität der Jugendsprache verblüffte.

---

[3] Gossip – im Mittelalter anscheinend für „Pate“ oder „Patin“, eine enge Freundin oder Vertraute, später mit der Bedeutung für Klatsch über das persönliche Leben, Geheimnisse und Privatangelegenheiten anderer Personen überlagert.

Es wimmelte in ihren Schilderungen von Hirnis, Idioten, Schlaffis und vor allem Pennern, obwohl gerade der Ältere selbst gern bis in die Puppen pennte.

Die kleinen österlichen Mitbringsel wurden zwar nicht so geschätzt wie die Aufbesserung ihres Taschengeldes, aber immerhin gab es ein ehrliches Dankeschön. Wieder einmal erwies sich, dass Taler oft mehr Glanz in die Augen zauberten als die reine Wiedersehensfreude.

In österlicher Nachfreude versuchten die Halbwüchsigen schließlich nach dem Kuchen, statt die mitgebrachten handgefärbte Ostereier einfach aufzuessen, sie sich gegenseitig am Kopf aufzuschlagen.

Das Ganze vollzog sich so rasch, dass alle zwar mehrfach aufforderten, den Blödsinn zu lassen, aber offenbar nicht energisch genug. Als der jüngere Jörg zögerte, bekam er prompt das gekochte Ei von dem körperlich stärkeren Tim auf den Schädel oder sogar an die Stirn platziert.  Die Töchter regten sich gemeinsam über so viel falsch verstandene Coolness wahnsinnig auf, so dass Karl schon den Besuch beendet sah, bevor er richtig angefangen hatte.

Aber er dachte auch an einen zufällig gelesenen Adenauer-Rat für den Umgang mit der Opposition, nämlich „ihr mit einem nicht sehr harten Holzhammer auf den Kopf schlagen“.[4] Dagegen schien Karl ein Ei harmlos und er blieb im kleinen Eierkampf locker.

Da die Jungs ihre Rangeleien selbst nicht so ernst nahmen wie die Erwachsenen, sondern alle Erregten aufforderten, runterzukommen und mal zu chillen, entspannte sich die Atmosphäre, zumal die hungrige Streitsucht durch reichlich viel Fleisch, aber auch Gemüse und Veganes für die Ladies rasch ganz versiegte.

Karl ließ sich schließlich noch zu einem Selfie mit dem Eierknocker[5] überreden. Der postete seinen Grand Dad aus dem Osten mit sich wie einen Exoten in seine WhatsApp-Gruppe, um herauszubekommen, wie cool seine Kumpel Karl fänden.

Gott sei Dank bestand der den Gruppen-TÜV einigermaßen und alle hatten im Weiteren ein gemütliches gemeinsames Abendessen am

---

[4] Die Lage war noch nie so ernst, Doktor Adenauers geflügelte Worte, gesammelt und kommentiert von Erhard Kortmann und Fritz Wolf. Bergisch Gladbach 1976, S. 32.

[5] Knocker – hier für Klopfer.

Tischgrill, zu dem sich auch der Ex-Mann ihrer Tochter und Vater der Enkel mit einer gut abgelagerten Flasche französischen Rotweins von E. Guigal[6] „Hermitage“ aus dem Jahr 2010 einfand.

Überrascht von der noblen Geste freute Karl sich, dass er ihm im Gegenzug eine Magnumflasche Rotwein noch nachträglich zum Fest schenken konnte.

Der Reisebeginn schien gelungen.

Karl ließ den Wagen stehen, um die 12 Euro Parkgebühr zu sparen, und freute sich auf das Pokal-Halbfinale. Sein Ex-Schwiegersohn gab ihnen einen Lift zum Hotel, bevor er selbst in das einst gemeinsame Haus auf die andere Rheinseite zurückfuhr. Da hätten alle zweifelsfrei bequem unterkommen können, aber die Betten waren jetzt getrennt.

Karl wünschte, ohne das äußern zu können, seine Tochter hätte so ein geräumiges Haus wie Adenauer. Aber jetzt galt es sich mit der Realität ihrer Wohnung am östlichen Rheinufer zu begnügen.

---

[6] Weltbekanntes Rhône-Weingut im Château d’Ampuis, in einem Rennaissance-Schloss aus dem 16. Jh., gegr. 1946 von Etienne Guigal (1908-1988) vgl. auch https://www.bremer-weinkolleg.de/hersteller/e.-guigal/.

## Kabelsalat und vergessener SIM-PIN

Während des Fußballspiels des Drittligisten aus dem Saarland gegen die erstklassige Werkself aus Leverkusen las seine fußballabstinente Frau Ines neben ihm einen Krimi.

„Adenauer las auch gern Krimis," versuchte er wieder für den Hausbesuch zu werben, aber mit keinem spürbaren Erfolg.

Zum wiederholten Male überlegte er bei nicht so spannenden Spielzügen, sich doch noch in diesem Genre auszuprobieren. Einer seiner Berliner Freunde ohne Autorenambitionen riet immer wieder dazu.

„Du musst endlich mal was wirklich Spannendes schreiben statt über „Sanktionsfallen" oder „Mängel im Pandemiemanagement", von ollen Geschichtskamellen ganz zu schweigen."

Die Verkaufszahlen gaben ihm recht. Offenbar übte das Nachvollziehen von Verbrechen einen unübertroffenen Reiz aus. Karl unterlag ihm zumindest beim sonntäglichen Tatort oder Polizeiruf selbst. Warum die Sender allerdings oftmals gleich zwei Krimis hintereinander brachten, erschloss sich ihm nur aus wirtschaftlicher Sicht, keineswegs kultureller oder gar bildungspolitischer Perspektive. Die Zuschauer ließen sich offenbar doch am ehesten mit Crime and Sex halten.

Karl tröstete sich über seine mangelnde kriminelle Energie mit einem weiteren Glas Rotwein und überhörte das Mahnen seiner lesenden Krimifreundin, bloß nicht wieder die Hotelbettwäsche einzusauen.

Sie wiederholte:

„Pass bloß mit dem Rotwein auf und du hattest ja eigentlich schon vorhin genug Wein."

‚Einmal Lehrerin', dachte er, ‚immer Lehrerin' und ging seine Rotweinsünden durch.

Am unangenehmsten blieb dem Sünder eine in der Ferienwohnung der gerade genannten Berliner Krimienthusiasten in Erinnerung. Es geschah in ihrer topausgestatteten Ferienwohnung in Kühlungsborn an der Ostsee.

Noch begeistert vom Sonnenuntergang über dem Meer übersah Karl beim Rückwärtsgehen eine auf dem Fußboden in Tischnähe abgestellte geöffnete Rotweinflasche. Der Inhalt ergoss sich so schnell in die noch leuchtend weißen Fliesenfugen des Fußbodens im Wohnraum, dass auch mit der zweiten Rolle Haushaltspapier nicht viel zu machen war.

Sie bemühten sich vereint den halben Abend auf den Knien schrubbend um Schadensbegrenzung. Aber der Rotwein war nun mal vergossen und gab den weißen Fugen einen zarten Rosaton. Sein Vorschlag, den weißen Teppich über die Farbnuancen zu ziehen, wurde verworfen.

Seitdem ist die Ferienwohnung meist ausgebucht, wenn Ines und Karl anklopfen, um dort ein paar Tage verbringen zu können, obwohl die Rotwein-Spuren längst verschwunden sind.

Während Karls Frau schon duschte, freute er sich über den Sieg der oft als „Vizekusener" verspotteten Werkself und wollte sein Handy aufladen. Die vielen Telefonate von unterwegs und Kontrollen der Navigation mit Google Maps hatten die Batterie fast geleert. Sein Handy zeigte nur noch einen kleinen roten Balken und der Stromsparmodus besserte nicht viel.

Die Suche nach seinem Kabel erwies sich bald als sinnlos. Ihm fiel ein, dass er es neben dem Fahrersitz rechts in der Mittelablage liegen gelassen hatte.

Jetzt im Dunkeln noch loszulaufen, hielt seine Oberlehrerin für keine gute Idee. Die Kinder und

Enkel sollten auch nicht so spät gestört werden. Im Gegenteil wäre etwas Medien Abstinenz nur gut für ihn.

Karl versuchte, ob zufällig das Ladekabel seiner Uhr zum Laden des Handys nutzbar wäre, aber scheiterte schnell. Auch die asiatischen Konkurrenzkabel von Samsung erwiesen sich als unbrauchbar. Ihm erschien der Vereinheitlichungsvorschlag im Kabelsalat seitens der EU-Kommission plötzlich gegenüber vielem sonstigen bürokratischen Unsinn sinnvoll.

Um Energie zu sparen, entschloss er sich, sein Handy einfach auszuschalten.

Seine Frau begrüßte das sehr, denn beruflich bedingt hatte er früher schon mal mitten in der Nacht oder am frühen Morgen einen Anruf aus Amerika oder Fernost angenommen.

Ihr wäre es am liebsten, wenn er nach 20.00 Uhr weder E-Mails noch WhatsApp oder andere Medien anschauen würde. Karl behauptete:

„Da ähnelte ich ja Adenauer. Der mochte kein Fernsehen und besaß keinen Fernseher, zumindest nicht im Wohnzimmer."

„Woher willst du das denn wissen?"

„Erfährt man alles bei einer Führung durch sein Haus. Gibt es ausschnittsweise auch auf YouTube und Werbevideos des Hauses.“

Sie wirkte dennoch nicht besonders interessiert, obwohl sie die Medienzurückhaltung gut fand.

Wenn sie selbst allerdings noch nach 22.00 Uhr Botschaften aus ihrer Chortruppe erhielt, war das etwas ganz anderes und wurden sogar Videos laut abgespielt.

Während sie sich im Bad aufhielt, loggte Karl sich in das W-Lan des Hotels ein. Nach kurzem E-Mail-Check besuchte er die Homepage des Adenauer-Hauses und fand zügig den Zugang zum Beantragen eines kostenfreien Besuchs mit Führung. Er entschloss sich für die 11.00 Uhr Tour und beantragte ohne große Rücksprache ein Ticket für seine Frau mit. Ihre Töchter hatten ohnehin Wanderpläne und die Jungs mussten zur Schule. Eine gemeinsame Wanderung schloss sich wiederum für seine Frau aus, weil sie bedingt durch ihre Parkinson'sche Krankheit und starke Rückenschmerzen sowie üble Schwindelattacken gehandicapt war.

Beunruhigt durch den fehlenden Handyempfang schlief er im fremden Bett einigermaßen gut durch, ohne seine Frau oft zu stören. Das Seminaris Hotel lag an einer ruhigen Straße und ihr Zimmer zum Park in Richtung Stadtmitte.

*Bild 4: Seminaris Hotel Bad Honnef, Ansicht von oben*

Morgens kam ihm noch vor dem Aufstehen sein nicht aufgeladenes Handy in den Sinn und er beeilte sich, das Kabel noch vor dem Frühstück zu holen. Aber da machte er die Rechnung ohne seine Langschläferin.

„Du wirst mich doch nicht allein frühstücken lassen wollen? Das ist doch das Schönste am Hotel, dass man so ausgiebig frühstücken kann und so viel Auswahl hat. Unsere Kinder frühstücken ohnehin anders und vegan. Du verpasst schon nichts, wenn du mal eine Stunde später erreichbar bist."

Ungern stimmte er zu. Während sie ausführlich duschte und sich zum Tagesstart im Bad fertig machte, weckte er sein Handy wieder auf. Dann sah er die Bescherung. Durch das völlige Ausschalten aller Funktionen benötigte er zum Wiederbeleben seine SIM-Pin. Nachdem ihm diese Einsicht bewusstwurde, beschimpfte er sich minutenlang selbst.

„So ein Idiot. So was Schwachsinniges, sich selbst auszuknocken. So viel Blödheit kann es doch gar nicht geben, außer bei mir. Man, bin ich blöd, einfach nur doof."

Ines wehrte, ohne den Anlass seines Fluchens zu kennen, liebevoll schmunzelnd ab:

„Du doch nicht, mein Schatz."

Sie setzte sich zum Anziehen ihrer Jeans auf das Bett. Schon seit längerem fiel ihr das Gehen ohne Gehhilfe schwer und konnte sie nicht mehr auf einem Bein stehen.

Karl hatte nur drei Versuche, die richtige Pin zu nutzen und keine Ahnung, wie die vierstellige Sim-Pin lauten könnte. Er schaltete das Handy sonst nie völlig aus, höchstens stumm oder in den Flugmodus. Daher benutzte und kannte er die

Zahlenkombination nicht. Die Vorstellung, tagelang nicht erreichbar zu sein, ließ schon wieder Rückreiseideen aufkommen, denn er wusste genau, wo in seinem Schreibtisch die Unterlagen zu seinem Telekom-Vertrag lagen.

Das Frühstück war ihm gründlich verhagelt. Als einzige Hoffnung blieb, Anna zu Hause anzurufen und neben dem Blumengießen und Postrausnehmen aus dem Briefkasten auch noch einen Suchauftrag in seinem Aktenschrank auszulösen, um die Unterlagen zum Pin zu finden.

Karl überlegte kurz, ob sie dabei auf unangenehme intime Überraschungen stoßen könnte, aber selbst das war ihm völlig egal. Viel wichtiger erschien ihm, wieder erreichbar zu sein.

Komischerweise fiel ihm der Medienrummel um ein paar Pornohefte im Keller des ersten Mannes im untergegangenen DDR-Staat ein. Wer die dort deponiert hatte oder ob er sie sich selbst besorgen ließ, blieb unklar. Karl überlegte, ob damit durch die Medien angedeutet werden sollte, dass Erich Honecker Potenzprobleme hatte, gewissermaßen symbolisch gemeint für die Wirtschaftsprobleme im damals noch real existierenden Sozialismus in der DDR.

Aber wenn eine Behauptung erstmal viral geht, ist sie schwer wieder einzufangen.

Seine Frau lästerte über seine anhaltende Handyunruhe.

„Du tust ja so, als ob du staatstragende Geschäfte abzuwickeln hättest. "

Das erinnerte ihn an die Tatsachen.

„Kein Mensch wird dich gerade jetzt am Mittwoch in der Nachosterwoche anrufen wollen. Viele haben außerdem noch Urlaub und sind froh, nicht angeklingelt zu werden. Nimm dich bloß nicht so wichtig und genieße doch mal die paar Stunden bei den Enkeln und hier in dieser wunderbaren Landschaft am Rhein."

Sie riefen noch vor dem Frühstück in ihrem Heimatort an und erreichten Anna Gott sei Dank am Schreibtisch. Wer sich selbst und ständig ausbeutet, kann es sich gar nicht leisten, zu faulenzen. Sie erklärte sich etwas aufstöhnend dennoch bereit, zeitnah zu versuchen, seine Dussligkeit auszubügeln. Allerdings gestand sie:

„Ein paar Minuten brauche ich schon. Ist ein Unterschied, wie ich im Homeoffice aussehe und wenn ich raus muss."

Seine Frage, ob sie noch im Nachthemd sei, überhörte sie und versprach zurückzurufen. Selten erschienen ihm etwa 30 Minuten so lang. Dann klingelte das Handy seiner Frau Ines. Karl konnte vor lauter Aufregung den Anruf nicht richtig annehmen. Sie nahm ihm ihr Mobilphon aus der Hand und meinte ruhig.

„Lass mich doch an mein Telefon gehen, du Macho.“

Anna nannte ihm die SIM-Pin. Schon nach dem ersten Versuch meldete sich sein Handy mit „Willkommen!“ wieder. Er bedankte sich überschwänglich.

Dann beeilte er sich, das Auto von der Wohnung zum Hotel zu fahren, und offerierte seinen Plan, doch gemeinsam das Adenauer-Haus anzuschauen. Ines beharrte darauf, wenigstens die Mädels nochmals zu fragen, ob sie nicht Lust hätten, beide mitzukommen, wenn die Jungs schon in der Schule wären.

Ihren zarten Versuch, sich vor dem Besuch zu drücken, wehrte er mit dem Argument ab, sie gestern schon mit angemeldet zu haben. Wenn sie jetzt nicht mitkäme, wäre es vielleicht nur eine Gruppe von acht oder neun Personen, und Führungen begannen laut Internetauskunft des Adenauer-Hauses erst ab 10 Personen.

# Daddeln als neue Realität der Enkel ohne Adenauer-Bock

Schon beim letzten Besuch in Bad Honnef fanden alle Karls Interesse am Adenauer-Haus im Ortsteil Rhöndorf von Bad Honnef seltsam. Seine Töchter und Frau monierten:

„Du bist doch gar kein Garten- oder Rosenliebhaber wie Adenauer."

„Dem Adenauer war doch der Osten egal und für den wärst du heute noch ein Ossi."

„Der hat doch alten Nazis wieder hohe Posten zugeschoben und du putzt Stolpersteine!"

„Der war doch umstritten wie kein zweiter Kanzler."

Hier unterbrach Karl.

„Doch, Gerhard Schröder stand und steht als SPD-Bundeskanzler viel mehr in der Kritik. Er sollte sogar aus der Partei ausgeschlossen werden, vor allem wegen seiner Männerfreundschaft zu Russlands Präsident Putin. Aber in seiner Unbeirrbarkeit von der Richtigkeit seiner Auffassungen ähnelt Schröder dem ersten Kanzler. Das konnte man neulich wunderbar in dem Dokumentarfilm von Lucas Stratmann >Außer

Dienst? Die Gerhard Schröder Story< am 8. April in der ARD sehen.“[7]

Außer Karl hatte offenbar keiner den Film des Anschauens wertgehalten. Karl wartete während des Films gespannt, ob Schröder noch immer so eine Floskel benutzte wie „Gar keine Frage.“ Mit so lapidaren Stereotypen wiederholen viele Politiker immer wieder den gleichen Schwachsinn. Adenauer nutzte die einfachsten Floskeln immer wieder. Als Wahlslogan statt eines Programms reichte: „Keine Experimente-CDU.“

Das Urteil zum Adenauerbesuch stand dennoch fest. Es gäbe bedeutendere und schönere Sehenswürdigkeiten im Rheinland. Besonders nach Köln oder in die Museumsmeile nach Bonn lohne es sich zu fahren. Das Anwesen des ersten

[7] https://www.daserste.de/information/reportage-dokumentation/dokus/sendung/ausser-dienst-die-gerhard-schroeder-story-100.html

Bundeskanzlers könne man immer noch mal sehen und besser, wenn die Rosen blühten. Dann gäbe es wenigstens etwas Erfreuliches, falls es einem politisch nicht so gefiel.

Karl fragte sich, was den Youngster[8] außerhalb ihrer virtuellen Welten in der Nähe sonst begeisterte, um gemeinsam etwas zu erleben.

Im Gegensatz zum letzten Besuch empfanden die Jungs sein Fragen diesmal nicht als Verhör.

Zunächst gab es bei beiden ein Schulterzucken als Antwort.

Dann schlug der Jüngere das „Phantasialands“[9] bei Köln vor. Tim boxte ihn gleich wieder und meinte realistisch mit ein bisschen spöttischem Unterton: „Mit Oma und Opa?“

Karl traute sich noch einen Besuch zu, erinnerte sich aber an einen gemeinsamen Trip im Kletterpark von Bad Saarow[10]. Da blieb ihm nichts anderes übrig als mitzuklettern. Allein durften die Jungs damals altersbedingt sonst nicht klettern. Obwohl er null Bock hatte, ging er mit dem Älteren mit. Der

---

[8] Youngster: Umgangssprachlich für Jungen

[9] Phantasialand: Themenpark, Hotel-Resort, Freizeit- und Entertainmentpark. https://www.phantasialand.de/de/.

[10] Kletterwald mit Events, Taining, Bogenschießen und vielem mehr. https://www.kletterwald-badsaarow.de/oeffnungszeiten/.

Jüngste musste auf eine Art Trainierbahn. Die Kletterchefs wussten schon warum. Wenn einer nicht weiterkam, brauchte er Hilfe von einem Erwachsenen. Die konnten nicht nur die Betreuer leisten. Obwohl ihm selbst flau zumute war, gab sich Karl als Opa stark.

Das Abenteuerland wurde jedoch mit Blick auf Omas Ines` Rollator[11] abgewählt.

„Wir könnten ja nach Amsterdam," schlug Tim vor.

Das überraschte alle etwas.

„Da war es letztens richtig cool," legte Tim los. „Wir fuhren mit der Klasse mit einem fucking Bus dahin und sollten alle pünktlich zurück sein. Beinahe haben meine Kumpels und ich den Bus verpasst, weil wir da noch in dem Rotlichtviertel waren."

Er grinste etwas provozierend.

Karl fragte nach.

„Ihr wart im Altstadtbezirk „De Wallen", wo die Mädels in den Schaufenstern sitzen?"

„Die Nutten", korrigierte Tim.

„Die Sexarbeiterinnen oder Prostituierten aus dem ältesten Gewerbe der Welt", korrigierte Karl und setzte etwas ironisch hinzu.

---

[11] Innovation: Neuerung oder Neuheit.

„Das sind ja schöne Lehrziele. Mit der ganzen Klasse in das berühmteste Sexviertel Europas und das aus einer katholischen Schule."

„Wir sind keine katholische Schule und außerdem war das nur unsere Truppe. Wir waren auch nicht drin. Nur mal gucken."

Der Jüngste schaute neugierig neidisch.

„Spinnt nicht rum", beendete ihre Mutter Debby die Amsterdam-Ausflugsdiskussion. „Dahin fahren wir sowieso nicht gemeinsam."

Karl dachte, dass er allein auch schlecht fahren könnte und grinste. Er erinnerte sich an eine Busfahrt aus Berlin mit einer befreundeten Familie nach Amsterdam noch vor der Währungsunion im Jahre 1990. Die ganze Freude an dem Ausflug verdarb das mangelnde Kleingeld in der richtigen Währung. Sie hatten Mühe, die Toiletten zu bezahlen und froren jämmerlich vor dem verschlossenen Bus, wo sie wie viele andere Tourteilnehmer viel zu früh wieder auf eine warme Umgebung hofften. Aber der Busfahrer vergnügte sich wahrscheinlich bis kurz vor der Abfahrt.

Tim erklärte noch, dass es tierischen Ärger mit dem Lehrer und ihrem Busfahrer gab, weil sie zu spät an der vereinbarten Abfahrtstelle Nähe des Hauptbahnhofes eintrafen. Sie hatten sich halt verguckt bei den vielen exotischen Schönheiten aus vielen Kontinenten in den Schaufenstern.

„Mein halbes Leben hatte ich da verwirkt. Wer sein ganzes verlor, musste nach Hause fahren,“ murrte er und seine Mama Debby stöhnte nur:

„Ich war froh, dass ich dich nicht abholen durfte.“

Näherliegende kulturelle Anziehungspunkte rechts- wie linksrheinisch fanden die Jungs ohnehin blöd. Auf das Adenauer Haus hatten sie sowieso keinen Bock. Alles stieß auf Skepsis.

Achselzucken statt freudiger Erwartung!

Schließlich stellte sich heraus, dass Jörg lieber beim Papa bleiben würde und man ihn da ja vor dem nächsten gemeinsamen Abendbrot abholen könnte.

Tim erhielt eine WhatsApp aus seiner Chatgruppe und verabschiedete sich mit dem Hinweis:

„Ich muss dann nochmal kurz...“

Er verschwand in seinem Zimmer und ließ sich von nichts mehr vom Daddeln ablenken.

*Bild 5: Enkel-Technik in Bad Honnef*

Die Betonung liegt auf kurz, mahnte die Mutter, aber das wirkte nach morgendlichen Berichten bis 2.oo Uhr nachts nicht.

Entsprechend schwer fiel ihm das morgendliche Aufstehen, um den Schulbus zu schaffen. Karl und Ines waren als Großeltern froh, diese Verantwortung nicht mehr zu haben.

„Das ständige Leben in virtuellen Welten[12] kann auch nicht gut sein“, bekümmerte sich die frühere

---

[12] **Weiterführende Informationen**: Digitales Leben in der vernetzten Welt: Chancen und Risiken für die Psychiatrie, 2021 | Der Nervenarzt. (springer.com) - https://link.springer.com/article/10.1007/s00115-021-01203-z.

Lehrerin. Mit kritischem Unterton zur eigenen Tochter meinte sie noch:

„Da ist leider in der Erziehung viel versäumt worden. Das können die Lehrer in den paar Unterrichtstunden nicht wettmachen.“[13]

Die drei Erwachsenen ergingen sich in bedenkenreichen Sprüchen über die Risiken der Computerspiele und ihr Suchtpotential. Alle fühlten sich hilflos. Verbote nutzten wenig, Anreize zu begrenztem Spiel noch weniger. Nach der einvernehmlichen Trennung von Tisch und Bett der Eltern wurde es bei Tim und Jörg nicht besser.

Obwohl Debbys Ursprungsfamilie im Osten nach der Ehescheidung in vielerlei Hinsicht helfen könnte, blieb die Geschiedene lieber in der selbst gewählten Region hier im Rheinland auf sich gestellt. Natürlich ging es auch um den Kontakt zum Vater ihrer Kinder, der bei einer Entfernung über rund 650 km kaum realistisch aufrechterhalten werden könnte. Aber der schrumpfte zumindest beim Großen ohnehin auf das Notwendigste. Vater

---

[13] **Weiterführende Informationen**: Wozu brauche ich Medien. – Sofatutor. – für Familien, Kinder und Jugendliche. https://www.sofatutor.com/sachunterricht/videos/wozu-brauche-ich-medien.

und ältester Sohn hatten sich nicht so viel zu sagen und wenn, endete das Gespräch oft im Streit.

Karl erinnerte sich an frühere Lösungsdrohungen des strengen Vaters zum Beenden des Daddelns in militärischer Lautstärke:

„Wenn du jetzt nicht aufhörst, nagle ich den Computer an die Wand.“

# Buchungsbeleg 924-1979-1 zur Besichtigung des Adenauer-Hauses

Das sonst so gelobte Bad Honnef als „rheinisches Nizza“ zeigte sich ausgerechnet Anfang April regnerisch und kühl. Debby bedauerte das besonders, weil es schon gleich nach der geplanten Abreise einen ersten kleinen Frühlingsommer laut Wetterprognose für das nahe Siebengebirge und Bad Honnef geben würde. Normalerweise herrschte mildes Klima und eignete sich die Region schon seit Jahrhunderten für den Weinanbau.

Das durchwachsene Wetter hielt ihre beiden Töchter nicht von einer Wanderung in die nahen Weinberge ab. Obwohl der Anbau erheblich zurückgegangen war, gab es auch hier noch einige Hektar.

Offenbar meinte es der Wettergott gut mit Karls von den anderen Familienmitgliedern eher als unnötig gesehenen Plänen einer Besichtigung des ersten Bundeskanzlerhauses. Karl nutzte das kühle regnerische Wetter als Argument für den Besuch des

Adenauer-Hauses, obwohl sich der Krimi seiner Frau als starker Konkurrent zeigte. Aber mit ein bisschen erzwungener Einsicht kam Ines mit.

Sie überlegten, ob ihr Rollator sinnvoll wäre, aber Karl bot seinen Arm zum Einhenkeln wie immer an.

Da sie Zeit hatten, konnten sie auf der kurzen Fahrt von wenigen Minuten vom Hotel aus die vielen schmucken Häuser und Villen bewundern, die typisch für Bad Honnef und seinen Stadtteil Rhöndorf sind. Im Krieg wurde hier nichts zerstört.

Verglichen mit den Berliner Mietskasernen und den Hinterhöfen, dem Verkehr und den großen Plätzen und Alleen sowie den Menschenmassen auf den Straßen bis zu den Stadt- und Untergrundbahnen wirkte Bad Honnef idyllisch. Karl leuchtete vollkommen ein, dass Adenauer keinerlei Lust verspürte, aus der rheinischen Provinz in die preußische Metropole zu ziehen. Wer einmal im Rheinland Fuß fasste, fühlte sich hier geborgen.

Bei der Anfahrt zum Adenauer-Haus ignorierte Karl den empfohlenen öffentlichen Parkplatz in Nähe der Feuerwehr. Der Fußweg von rund 10 Minuten erschien ihm für seine Frau zu weit. Er fand eine Parkchance in der Nähe und freute sich.

Sie wollten rechtzeitig da sein, weil erfahrungsgemäß immer ein Toilettengang vor Beginn einer offiziellen Aktion in ihrem Alter anstand.

Schon bei der siebenstündigen Autofahrt erwies sich das häufige Anhalten als kleines Problem. Sie hatten sich dazu von einer Freundin, die sie im Haushalt unterstützte, einen speziellen Schlüssel für Behinderten-Toiletten ausgeliehen. Bei den in den neuen Bundesländern errichteten Häuschen waren diese erfahrungsgemäß sauberer und gepflegter als die Einrichtungen für alle.

Allerdings fiel ihnen schon bald bei Nothalten nach der ehemaligen Staatsgrenze außerhalb der Tankstellen auf, dass in den alten Bundesländern die sowohl für Behinderte als Normalnutzer gedachten Sitztoiletten praktisch nicht benutzbar waren, weil im wahrsten Sinne vollgeschissen. Es gab oft keine Trennung für Gehandicapte, sondern es wurde Doppelnutzung unterstellt. Offenbar versuchten immer mehr Nutzer, die Exkremente im Stehen, wie in manchen anderen Ländern üblich, loszuwerden. Wenn das durch mangelnde Zielsicherheit misslang, unternahmen weder Männer noch Frauen die Aufgabe, den Schaden zu säubern. Je mehr sich dieser Methode anschlossen, um so übler sahen die

Toiletten aus, zumal sich der Aggregatzustand nach Wasserverlust verhärtete und das Säubern nur als Schwerstarbeit bezeichnet werden kann.

Die neuen Toilettenanlagen an den Autobahnen im Osten wurden vielfach erst nach der Wende gebaut. Davor vertraute man früher auf Backen-Zusammenkneifen oder die naturnahe Entleerung am Waldrand. Allerdings gab es an Transitautobahnen Ausnahmen für Devisen, die in der DDR sogar in Spottliedern hochgenommen wurden.

Karl freute sich, dass die Sanitäranlagen der Autobahn noch traditionell in Männlein und Weiblein getrennt waren, aber erwartete angesichts der neuerdings gesetzlich ermöglichten freien Wahl des Geschlechts baldige Korrekturen.

Er könnte sich ab 1. November 2024 beim Standesamt bald Karla nennen, denn durch die krankheitsbedingt zunehmende Übernahme der vielen Haushaltspflichten fühlte er sich als Putze, Pflegerin, Einkäuferin im Grunde also so, wie früher seine Frau. Er griente bei dem Gedanken mit ein bisschen schlechtem Gewissen und freute sich, weil jedes Belächeln eines solchen Schritts auch noch als Diskriminierung anzuzeigen wäre.

Es war kaum vorstellbar, er bräuchte zu diesem Schritt auf seine alten Tage nicht einmal eine einzige Begründung, geschweige psychologisch-medizinische Begutachtung. Das neue Selbstbestimmungsgesetz der Ampel löste das 40 Jahre alte Transsexuellen-Gesetz ab und bereicherte die Genderdiskussion um eine weitere Facette, die er nur kopfschüttelnd zur Kenntnis nehmen konnte.

Karl empfand die Geschlechtsprobleme zwar nicht so gravierend, aber offenbar fehlte ihm das Verständnis für die Dringlichkeit solcher Gesetzesvorhaben einer Regierung, der allgemein bestätigt wurde nicht so erfolgreich zu sein wie die erste unter Adenauers Führung.

Stolz auf seine digital erhaltene Bestätigung zur baldigen Besichtigung des Hauses, in dem der Kanzler die Bundesrepublik wohnte, wollte er sie auf seinem Handy vorzeigen, aber es reichte schon seine Namensangabe, um als anwesend und zur Tour mit seiner Ehefrau zugelassen zu gelten. Ein wenig bedauerte er das, denn umgekehrt war er stolz, das Dokument auf dem Handy als Screenshot zu haben.

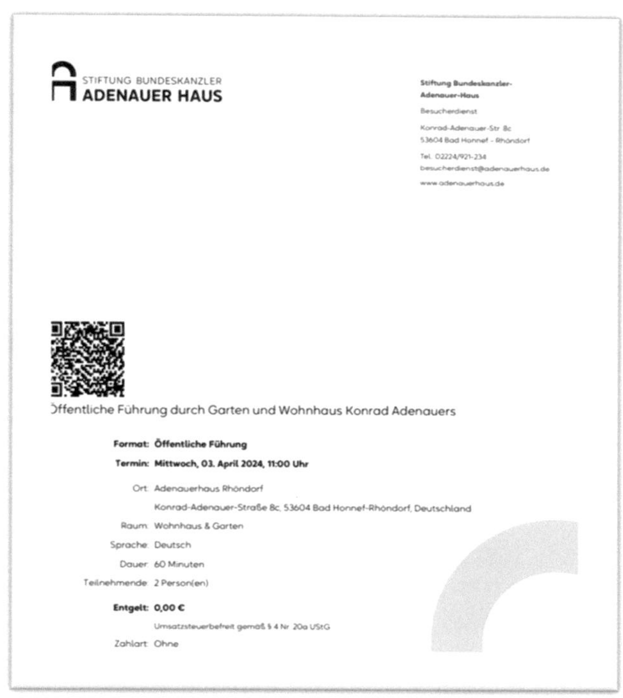

STIFTUNG BUNDESKANZLER
ADENAUER HAUS

**Stiftung Bundeskanzler-
Adenauer-Haus**
Besucherdienst
Konrad-Adenauer-Str. 8c
53604 Bad Honnef - Rhöndorf
Tel. 02224/921-234
besucherdienst@adenauerhaus.de
www.adenauerhaus.de

Öffentliche Führung durch Garten und Wohnhaus Konrad Adenauers

**Format:** **Öffentliche Führung**
**Termin:** **Mittwoch, 03. April 2024, 11:00 Uhr**
Ort: Adenauerhaus Rhöndorf
Konrad-Adenauer-Straße 8c, 53604 Bad Honnef-Rhöndorf, Deutschland
Raum: Wohnhaus & Garten
Sprache: Deutsch
Dauer: 60 Minuten
Teilnehmende: 2 Person(en)
**Entgelt:** **0,00 €**
Umsatzsteuerbefreit gemäß § 4 Nr. 20a UStG
Zahlart: Ohne

*Bild 6: Buchungsbeleg*

Oft genug verstimmte ihn der Digitalzwang, dem man sich ausgesetzt sah. Museen, Freibäder und selbst Zoos ließen sich nur noch mit online-Buchungen besuchen. Spontaner Eintritt auf normalem Wege wurde unmöglich.

In immer mehr Restaurants gab es statt einer gedruckten Speisekarte nur noch einen QR-Code, um sich das Angebot dann auf dem Handy-Display anzuschauen.

Karl erinnerte sich an seinen über 90-jährigen Vater, der einmal schüchtern Ines bat, ihm doch mal zu erklären, was eine App im Internet eigentlich sei.

# Überraschender Bauhausstil am Berghang

Wenn man sich aus Bad Honnef kommend dem Wohnhaus Adenauers im Stadtteil Rhöndorf näherte, überraschte zunächst der moderne, mit viel Glas anziehend wirkende Bau der „Stiftung Bundeskanzler-Adenauer-Haus.

Die Umgebungshäuser ähneln ansonsten hier üblichen rheinischen Einfamilienhäusern in recht unterschiedlichem Stil. Die Wohngegend wirkt gediegen mit schmalen Straßen und Bürgersteigen. Dass in den ersten Jahrzehnten der Bundesrepublik ihr erster Kanzler mitten in einer solchen alten Weinbergs-Region wohnte, überrascht bis heute.

Eine Ausnahme bildet das Museumsensemble mit dem Eingangsbereich für Besucher am Fuße des eigentlichen Adenauerhauses. Das Wohnhaus liegt etwa 85 bis 90 Meter über Normalhöhennull[14].

---

[14] NHN – Bezugsfläche für die Angabe der Höhe über dem Meeresspiegel, Nachfolger des 1879 eingeführten Normalnull (NN). Normalhöhenpunkt 1879 -frühere Neue Berliner Sternwarte, zu ihrer Zeit bedeutendste astronomische Forschungs- und Lehrstätte Deutschlands.

*Bild 7: Besuchereingang zum Museum Adenauer-Haus*

Als Karl und Ines zu Fuß ankamen, sahen sie den Höhenunterschied noch gar nicht so, sondern bewunderten vor allem den Eingangsbereich, der in einen modernen Museumsbereich zum Wirken Adenauers überging. Hier im Eingangsbereich des Adenauer-Hauses stand ihnen nicht nur ein Fahrstuhl zum Transfer in den obersten Stock zur Verfügung, aus dem dann die Tour beginnen sollte, sondern ein richtiger Tourführer statt digitaler Erklärer.

Karl freute, dass er in dem Neubau Bauhauselemente wiederzuerkennen glaubte. Alles wirkte modern und stilvoll, inklusive Garderobe und Toilettenbereiche für Besucher. Als Karl sich vorsichtshalber für den zu besichtigenden Außenbereich einen der im Garderobenbereich abgestellten dunkelgrauen Schirme ohne Aufschrift nahm, hörte er sehr wohl den gut gemeinten Hinweis vom Empfangstresen:

„Wiedersehen macht Freude und spart Kosten."

Karl überhörte, dass ihm damit unterstellt wurde, den Schirm einfach mitnehmen zu wollen. Er fand ihn eher nicht so stilvoll und hatte schon andere aus dem Kempinski-Hotel bei Bad Doberan oder aus dem Elephant aus Weimar[15] versehentlich mitgenommen. Einen Schirm zurückzusenden, macht viel Aufwand, und die Absicht, ihn beim nächsten Besuch abzugeben, überwog. Er überlegte, ob es Entwürfe für geschmackvollere Regenschirme von Bauhaus-Prominenten oder Mitarbeitern gab und wollte später im Internet suchen oder seine Bauhaus- Freundin fragen.

Eigene Recherchen erwiesen sich als praktisch unmöglich, weil unter Bauhaus heutzutage doch nur zuerst der bekannte Baumarkt aufpoppt.

---

[15] https://arcona.de/de/unterkuenfte/hotel-elephant-weimar/infos

Umso überraschter hörte Karl beim Warten auf seine Frau vor dem Toilettenbereich von einem Mann mit Hut, dass Adenauer der Eingangs- und Museumsbereich gefallen hätte, weil er sich für eine Umsiedlung des Bauhauses nach Köln interessierte.

Etwas ungläubig und skeptisch mit Blick auf den Prospekt zum Wohnhaus und dort völlig fehlende Bauhauselemente oder Möbel wandte Karl sich einfach an den offenbar Wissenden:

„Adenauer interessierte sich für das Bauhaus aus Dessau?“

„Nein, nicht das Dessauer, sondern noch das Weimarer.“

Der Unbekannte referierte wie aus dem Prospekt weiter. „Im September 1924 verhandelte Ise Gropius, die Ehefrau des Bauhaus-Gründers Walter Gropius, mit dem damaligen Kölner Oberbürgermeister Konrad Adenauer über einen Umzug des unter politischen Druck geratenen Bauhauses nach Köln – und offenbar waren beide Parteien der Idee sehr zugetan. Walter Gropius sah die Zukunft der Hochschule damals bereits außerhalb von Weimar und Adenauer suchte nach Wegen, das kulturpolitische Profil der Stadt Köln zu schärfen. Wie konkret das Interesse beider Seiten tatsächlich war, wie weit die Verhandlungen gediehen und warum nichts aus den Umzugsplänen wurde, das ist kaum erforscht und immer noch ein Rätsel.“[16]

Karl hätte gern mehr dazu erfahren, aber der Mann mit Hut empfahl sich und Karl musste sich um seine Frau kümmern.

Der Blick in die unteren Ausstellungsräume zum Wirken von Adenauer fiel entsprechend knapp aus. Sie sahen typische Wahlplakate aus den ersten Jahren der Bundesrepublik mit dem inhaltsreichen berühmten Wahlslogan Adenauers „Keine Experimente. Konrad Adenauer. CDU.“

So viel Inhaltsleere verblüffte, vor allem, weil sie wirkte. 1957 erzielte die CDU mit diesem Wahlslogan das höchste Wahlergebnis einer Partei bei Bundestagswahlen und errang die absolute Mehrheit, was bis heute nie wieder einer Partei in Deutschland gelang.

---

[16] https://www.ksta.de/kultur-medien/ise-gropius-bei-konrad-adenauer-wie-das-bauhaus-beinahe-koelsch-wurde-140904 Aufruf vom 14.4.2024.

*Bild 8: Wahlplakat in der Ausstellung*

Natürlich ließ sich der Anteil des Super-Werbespruchs am Wahlerfolg von 1957 nicht genau messen, überlegte Karl, aber dass er funktionierte, festigte Adenauers Macht in der CDU und Bundesrepublik enorm.

Der Alte war praktisch unantastbar und konnte seinen ohnehin schon eher autoritären Stil weiter ausbauen, immer gestützt auf ein so fundamentales Wahlergebnis.

Karl konnte kaum glauben, dass sich der eher stockkonservative Adenauer tatsächlich für die weltweit fortschrittlichste und modernste legendäre Architektur- und Kunstschule, das Staatliche Bauhaus in Weimar auch nur interessierte. Aber allein der moderne Bau, in dem die Stiftung ihren Sitz hatte, sprach dafür.

# Zwei Mann Wache statt Wachregiment wie in Ost-Berlin

Die Führung startete im oberen Stock des Museums. Sie begann pünktlich um 11.00 Uhr mit einer 10 Mann starken Gruppe vorwiegend Älterer, wie Karl erst dachte, dann entdeckte er jedoch noch einen etwa 8 bis 10 Jahre alten Jungen mit seinen Großeltern unter den Teilnehmern.

Es wurmte ihn ein bisschen, dass er seine Enkel nicht dabeihatte, aber Ines meinte, dass sie als Teenager sicher nicht die Geduld aufgebracht hätten, die eine solche geführte Besichtigung nun einmal erforderte.

Über serpentinenähnlich gemauerte Stufen und kurze, relativ gerade Wegstrecken ging es nach oben zum eigentlichen Wohnhaus. Der Guide drehte sich sorgenvoll zu Ines und Karl um, die schon bald die Nachhut der Aufstiegstruppe bildeten. Bei fast jeder Stufe überholte sie jemand. Während Karl gut klarkam, konnte sein Frau schon ab der dreißigsten Stufe kaum noch etwas sagen. Mehrfach mussten sie stehenbleiben und Karl überlegte schon, ob sie sich mit der gemeinsamen Teilnahme zu viel zugemutet hätten.

Aber da machte die gesamte Truppe an einer Wegbiege auf dem rund halben Berg halt. Die beiden letzten konnten aufschließen und hörten schnaufend, was der Museumsführer erklärte:

„Diesen Weg“, er deutete nach links unten, „musste der Kanzler jeden Morgen und Abend zu Fuß gehen, weil es keine Vorfahrtmöglichkeit zum eigentlichen Haus auf dem steilen Hang gab und gibt. Es sind 65 Stufen. Da unten wartete sein Fahrer auf ihn. Legendär ist Adenauers immer gleicher Spruch zu seinem langjährigen Fahrer:

„Jeben See Gas, Klockner.“

Das führte dann wohl auch einmal zu einem Unfall mit einer Straßenbahn, bei der Adenauer auch im Gesicht verletzt wurde. Teile seines zerfurchten Gesichts sind also eigentlich Narben. Karl wusste nicht, ob er das ganz richtig verstanden hatte, zumal der Guide ohne Mikrofon sprach, aber schon laut genug. Manchmal schwang ein Unterton mit, der aus dem wohl tausendfachen Wiederholen beliebter Anekdoten aus dem Leben Adenauers resultierte.

Mit einem Verweis auf ein kleines weißes Haus am Ende des Fußweges ergänzte der Erklärer: „Da unten befand sich die zum Personenschutz eingerichtete kleine Wache. Die Polizeistation war immer mit zwei Mann besetzt."

Karl glaubte seinen Ohren nicht zu trauen. Der Bundeskanzler lebte auf diesem steilen Berg in Rhöndorf und lediglich zwei Polizisten wachten in der Nähe? Wenn sich jemand von einer anderen Seite durch den Garten anschlich, hätten selbst zwei durchtrainierte Polizisten mindestens eine, eher zwei oder drei Minuten gebraucht, um oben nach dem Rechten zu sehen.

Er sah förmlich vor sich, wie sie keuchend an der Haustür ankamen und dann einen oder gar mehrere Verbrecher jagen sollten, die dem ersten Mann im Staate an den Kragen oder die Brieftasche wollten. Statt politisch Andersdenkende, Kriminelle oder Terroristen zu schnappen, mussten sie selbst nach so einem Anstieg erst einmal Luft schnappen, um handlungsfähig zu werden und zu bleiben.

Dagegen nahm die DDR-Partei- und Staatsführung nach 1949 ihre Sicherheit von Anfang an viel, viel ernster. Ja die Staatssicherheit stand ganz vorn inklusive des dazugehörigen Personenschutzes. Eine ganzes Wachregiment der Staatssicherheit war damit beschäftigt, Tag und Nacht alle Objekte zu bewachen, in denen sich führende Politiker aufhielten. Nach 40 Jahren erreichte die Truppe 11 000 Mann, eine unvorstellbar große Zahl. Das Hauptquartier dieses gewaltigen Wachapparates war sogar Gegenstand von DDR-Postkarten, wie in Folgendem zu sehen.

*Bild 9: Haupteingang zum DDR-Wachregiment Berlin als Postkarte*

Die Antennen sprechen anschaulich dafür, dass nicht nur geschaut, sondern auch rund um die Uhr gelauscht wurde. Karl schnaufte seinen gedanklichen Vergleich auf den letzten Anstiegsmetern seiner Frau zu.

„Stell dir mal vor, wie sicher sich der Adenauer hier im Rheinland gefühlt haben muss. Vergleiche das mal mit den Tausenden bei unserer Horch- und Guckfirma, der Stasi."

Der Erstaunte setzte noch nach.

„Erinnerst du dich, wie wir bei deinem Reha-Aufenthalt in der ehemaligen Waldsiedlung des Politbüros bei Bernau, wo sich jetzt die Brandenburg-Klinik befindet, über die Häuser der SED-Führung überrascht waren? Die ganze Gegend war für Normalos früher abgesperrt und mit einer über zwei Meter hohen Betonmauer umgeben. Erich hat sich doppelt eingemauert, sowohl in Berlin als auch in der Wandlitz-Siedlung."

*Bild 10: Wohnhaus der Honeckers in der Waldsiedlung*

Heute spazieren die Besucher durch das Gelände und gibt es einige Informationstafeln. Karl erinnerte sich an seine enttäuschenden Eindrücke vom Haus Nr. 11, in dem Erich Honecker als Staats- und Parteichef mit seiner Frau Margot einst wohnten.

Das Haus machte auf Karl einen sehr schlichten Eindruck und um alles in der Welt konnte sich Karl nicht vorstellen, in einem der hier rund 20 Häuser für die Spitzenpolitiker selbst zu wohnen. Da hörten die Nachbarn, wenn Margot und Erich sich eventuell zofften!

Ganz abgesehen davon, dass jeder jeden beobachten konnte, wie viele Wodka- oder Weinflaschen wöchentlich entsorgt werden mussten. Es gab keinen Hauch von Privatsphäre oder Intimität.

Karl erinnerte sich lebhaft an eine Übernachtung im Honecker-Haus bei der Reha seiner Frau. Die Häuser unterlagen keinerlei Denkmalschutz, sondern wurden grundsaniert als Gästehäuser für Besucher der Brandenburg-Klinik wie Hotelzimmer ohne Service genutzt. Den Schlüssel musste man in der ehemaligen Hauptwache abholen.

Entgegen allen hochgespannten Erwartungen war Karl etwas enttäuscht. Nichts kam ihm mehr staatsmännisch oder wenigstens geschmackvoll vor, weder die Häuser selbst noch die Gärten oder die „Gartenhäuser“, die eher an die typischen DDR-Datschen erinnerten.

Er träumte schlecht und fühlte sich völlig zerschlagen auf dem Weg zum Frühstück in die neurologische Klinik seiner Frau. Nichts erinnerte mehr an den Mann, der jahrzehntelang bis zum Sturz 1989 von hier aus, den zweiten deutschen Staat beherrschte und offenbar aus Angst vor dem eigenen Volk einen solchen Sicherheitsapparat aufbaute.

Wer dann noch einmal persönlich schlechte Erfahrungen bei der Kontrolle auf den Transitstrecken nach Westberlin gemacht hatte, musste Angst vor dem zweiten deutschen Staat, im Adenauerschen Sinne der „Zone“, entwickeln.

Karl erinnerte sich auch daran, dass heute noch manche Westverwandte ihre Brüder und Schwestern oder Cousinen aus den neuen Bundeländern verschämt so vorstellen: „Und das sind unsere Verwandten aus der Zone.“

# Wohltuende Empathie der Tourteilnehmer

Vor dem Eingang zum Haus des ersten Bundeskanzlers der 1949 ins Leben gerufenen Bundesrepublik hielt die Besuchermannschaft. Die beiden Nachzügler fanden wieder Anschluss und lächelten dankbar, dass sich alle ihrem Schneckentempo anpassten.

Karl fühlte sich immer etwas unwohl, wenn er durch die körperlichen Einschränkungen seiner Frau das Gefühl hatte, andere aufzuhalten. Ines nahm das gelassenerer. Es war eben jetzt so und ließ sich aus ihrer Sicht nicht ändern. An den Rollator hatte sie sich in der Reha gewöhnt. Da fiel man eher ohne auf. Sie hatten das wenig geschmackvoll designte Gerät zwar mitgenommen, aber erst einmal genutzt und für die Hausbesichtigung darauf verzichtet.

Mit dem Rollstuhl hätten sie den Weg nach oben sicher gar nicht gepackt, weil das Ankippen über Treppen Kraft und Geschick erforderte.

Karl gab zu, beides nicht ausreichend zu haben und schob das Gefährt auch nicht gern, weil das bergauf verdammt anstrengend ist.

Vor dem Eingang empfahl der Guideleiter erst einmal die Aussicht zu genießen. Dabei betonte er, dass Adenauer zu seiner Zeit noch den Rhein direkt aus seinem Wohnzimmer sehen konnte.

*Bild 11: Blick ins Rheintal von der Eingangsterrasse zum Adenauer-Haus*

Auf dem Foto, das Karl vor der Eingangstür in Rheinrichtung mit dem Handy schoss, sah man nichts mehr vom Rhein. Die Natur hatte sich in den letzten 75 Jahren offenbar kräftig entwickelt entgegen allen Unkenrufen der Klimakleber.

Es erstaunte alle, dass der erste Bundeskanzler noch im hohen Alter so rüstig den Weg in sein Wohnhaus sowie die Gartenarbeit schaffte. Die Fitness erstaunte auch weltweit, insbesondere einen jungen Präsidenten wie John F. Kennedy, der sich sicher fragte, warum sich Adenauer als alter Mann in der Politik noch so engagierte, statt sich vor allem an seinen Rosen zu erfreuen.

Es gibt wohl nur eine Erklärung: Das Machtgefühl stärkt das eigene Selbstbewusstsein so stark, dass der Realitätsverlust gar nicht bemerkt wird. Deshalb fällt es allen Regierungschefs so schwer, ihren Sessel zu räumen.

Adenauer klebte an seinem Kanzlersessel vom 15. September 1949 bis 16. Oktober 1963. Den von seinen eigenen Parteifreunden erzwungenen Rücktritt empfand er als größte Kränkung seines Lebens, bemerkte der Tourführer mehrfach bereits im Flur des Hauses.

Der zeigte sich unspektakulär, aber offenbar für den Gartenfreund vor allem praktisch gedacht mit einem Waschbecken rechter Hand und anschließender Erweiterung rechts zum Wohnzimmer und links zu einem Vorraum vor dem Küchentrakt. Die links nach oben in die Schlaf- und sonstigen Räume führende Treppe war für Besucher gesperrt.

Karl konnte sich vorstellen, dass sich unter dem Dach eher kleine Räume befanden, die nicht so repräsentativ wirkten und den Eindruck des großen Kanzlers vielleicht schmälern konnten.

Mit besonderer Freude nahm Karl den Hinweis des Guideleiters auf, dass es auch Stühle gäbe, die für Bedürftige genutzt werden könnten. Karl griff einen der Plastiksessel und stellte ihn seiner Frau so in den Eingangsbereich, dass sie die anderen Besucher nicht allzu sehr behinderte, aber auch selbst noch etwas sah.

Mit einer gewissen Arroganz registrierte er, dass es sich vom Design her nicht gerade um „Sitland Ouverture“[17]-Klappstühle handelte, sondern eher Baumarkt-Stapelsessel. Aber sie taten ihren Dienst. Seine Frau konnte den Erklärungen im Sitzen entspannter lauschen als abgelenkt durch heftige Rückenschmerzen.

---

[17] https://www.architonic.com/de/product/sitland-ouverture/1254150

Sobald sich die Zuhörenden allerdings vorwärts in Erklär-Richtung bewegten, erwiesen sich die Armstütze für Ines, das Tragen von Schirm, Handtasche und geborgtem Regenschirm sowie Vorwärtsrücken des Gartenstuhls als schwierig machbar.

Da sprang einer der jüngeren Tourteilnehmer unaufgefordert zu und unterstützte, indem er das Rücken des Stuhls übernahm. Karl und Ines bedankten sich überschwänglich, obwohl dadurch noch mehr Aufmerksamkeit auf die Sitzgelegenheit und ihre Nutzerin fiel.

Ines nahm das entspannende Sitzen mit Freude an, weil ihr Rücken ihr ohnehin vom Aufstieg her wie allgemein immer so weh tat, dass sie sich am liebsten tief nach vorn beugen wollte. Karl fand diese Entspannungsübungen jedoch schon beim gemeinsamen Spazierengen sehr störend. Mehrfach wurden ihr bei ihren Verrenkungen von besorgten anderen Spaziergängern angeboten, ob sie helfen könnten.

Hier im Adenauer-Haus erwies sich das Eingreifen als selbstverständlicher, denn Karl fürchtete, den zusammengefalteten Schirm bei eventuellem Zwischenparken leicht irgendwo liegen zu lassen und hatte ja noch die Mahnung der „Wiedersehensfreude“ im Ohr.

Auch bei ihrer Lieblingsbeschäftigung, dem Chorsingen bei den Catharinen, saß Ines mit einer ebenfalls etwas durch Rückenprobleme behinderten Mitsängerin in der ersten Reihe im Sopran beim Proben in Bad Saarow[18]. Karl kam dieser musische Vergleich, weil sich die Führung dem Musikzimmer Adenauers rechter Hand zuwenden würde.

Er fand das Sitzen im Chor seltsam. Im Stehen klingt die Stimme besser, aber es ging bei den Catharinen in erster Linie um Freude statt Professionalität. Bei größeren Auftritten mit mehreren Chören war das Sitzen allerdings problematisch, aber auch hier galt vor allem das Mitmachen.

Die Besichtigungstour blieb immer noch im Eingangsbereich stecken. Seine Frau saß entspannt.

Er fragte sich, ob Adenauer gern sang. In der Kirche sicher.

Hier empfanden sie große Empathie der Mitbesucher, wieso gab es so wenig für die Sorgen der Ostdeutschen nach dem gemeinsam verlorenen Zweiten Weltkrieg?

---

[18]https://scharwenkahaus.de/bericht/2023/12/7696/

# Roter Knopf am Telefon zum Kanzleramt vor dem Küchentrakt

Der Erklärende bat alle Besucher, zunächst ein besonderes Geschenk der Adenauer-Familie neben dem Ein- und Aufgang nach oben in Augenschein zu nehmen. Es handelte sich um einen Rosenstrauß zum 90. Geburtstag, an dessen Ästen und Blüten jeweils Fotos der Familie hingen.

Die Aufmerksamkeit wurde dann auf zwei linksstehende alte Telefone konzentriert.

Heute kennen viele die schwarzen, schnurgebundenen Apparate gar nicht mehr, die vor rund 75 Jahren überall benutzt wurden.

Gegenüber den Telefonen stand ein gemütlich wirkender Ohrensessel, in dem man sich den Bundeskanzler aus dem Garten kommend noch in Arbeitshosen die Staatsgeschicke lenkend, durchaus vorstellen konnte.

Gleich daneben befand sich allerdings die Tür zum Küchen- und Angestelltentrakt. Das überraschte Karl etwas, denn er fragte sich natürlich, wie schalldicht diese Tür wohl war, wenn es um heikle politische Fragen ging. Wusste dann die Köchin eher Bescheid als das Kanzleramt oder die zuständigen Bundesminister?

Besondere Aufmerksamkeit sollte man dem roten Knopf auf dem linken Apparat widmen. Das war eine Direktverbindung zum Kanzleramt für Notfälle, bei denen es um jede Sekunde gehen konnte. Aber sie diente auch profanen Mitteilungen.

*Bild 12: Adenauers Telefone zum Kanzleramt in der Diele*

Immer, wenn Adenauer das Haus verließ und zu seinem Fahrer den Berg runter lief, drückte die jeweils diensthabende Hausangestellte den roten Knopf. Sie gab damit im Kanzleramt Signal, dass nun in vielleicht spätestens 30, aber vielleicht auch schon nach 20 Minuten der Bundeskanzler ankommen würde.

Karl stellte sich lebhaft vor, wie die Beamten ihre Butterbrote oder Zeitungen verschwinden ließen und Vorbereitungen zum Empfang stattfanden. Vielleicht gab die Verantwortliche für die telefonische Vorankündigung noch etwas zur Laune des Bundeskanzlers mit durch.

Adenauer war zweimal verheiratet, hatte aber wenig Glück mit seinen Frauen. Beide verstarben früh und er blieb danach ledig, insgesamt aber kinder- wie enkelreich.

Im Durchschnitt waren drei Angestellte, damals sicher nur Frauen, im Privathaus des Kanzlers nach Auskunft das Tourchefs beschäftigt. Wie sich die Funktionen im Einzelnen verteilten, blieb unerörtert, dafür deutlich erwähnt, dass es reichlich Personalwechsel gab. Das mag unter anderem daran gelegen haben, dass der Kanzler seine Angestellten lieber in seiner Nähe als in Weinstuben von Rhöndorf oder anderen Orten am Rhein sah. Der Erklärbär vermutete:

„Zweifellos fürchtete der Kanzler schnelleren Wechsel, wenn neue Liebschaften entstanden. Um die Angestellten vor allem abends im Haus zu halten, gab es den einzigen Fernseher im Haus im Aufenthaltsraum des Personals statt Wohnzimmer.“

Mit Fernsehspeck in Schnulzenform fing man damals noch Mäuse.

„Wohin,“ flüsterte Karl seiner Frau zu, „hätten Angestellte denn in diesem Kaff Rhöndorf auch gehen sollen? Man muss mal 50 oder besser 75 Jahre zurückdenken. In Berlin wäre ein solches Eingesperrt-Sein völlig unmöglich gewesen.“

Karl dachte an seine Kindheit und konnte sich nicht erinnern, dass sie einen Fernseher hatten. In den fünfziger Jahren waren Fernsehbesitzer noch privilegiert. Das ARD-Programm begann im Herbst 1954 mit seinen Sendungen. Das DDR-Fernsehen brauchte zwei Jahre länger, weil das notwendige Richtfunknetz nicht so schnell aufgebaut werden konnte, obwohl versuchsweise der Deutsche Fernsehfunk DFF sogar einen Monat vor der ARD an den Start aus Berlin-Adlershof 1952 ging.

Das Fernsehen entwickelte sich zum bevorzugten Informationskanal. Was man mit eigenen Augen sah, musste wahr sein. Das DDR-Fernsehen setzte dabei viel zu viel auf ideologische Auseinandersetzungen. Je mehr sie zunahmen, umso weniger schauten hin, sondern schalteten auf das in der DDR offiziell nicht erlaubte Westfernsehen um.

Adenauer mochte das Fernsehen gemäß Erzählung des Musemsführers überhaupt nicht. Daher gab es im ganzen Haus nur einen Apparat für die Angestellten. Karl konnte sich das spontan nur so erklären, dass sich der Bundeskanzler in den offiziellen Fernsehaufzeichnungen sicher nicht sehr fotogen fand. Sein zerfurchtes Gesicht, die schmale Figur und der unverstellte rheinische Dialekt könnten dazu beigetragen haben.

Im Fernsehen wurde auf beiden Seiten der Grenze offiziell hochdeutsch gesprochen und nicht etwa auf der einen Seite bayrisch-rheinisch und im Osten sächsisch-berlinerisch. Während das Rheinische Adenauers sympathisch klang, wirkte das Sächsische von Walter Ulbricht auf DDR-Seite immer etwas proletarisch, abstoßend.

Es scheint allerdings, dass Adenauer vor allem die Berichterstattung im ARD-Fernsehen nicht so gefiel, wie er es gern gesehen hätte. Daher kam er auf die Idee, eine Art Staatsfernsehen zu initiieren. In bildungspolitisch orientierten Informationen hieß es dazu:

„In der Bundesrepublik hatte die technische Entwicklung ab Mitte der 1950er Jahre die

Ausstrahlung eines zweiten Programms möglich gemacht. Die konservativ-liberale Bundesregierung unter Konrad Adenauer (CDU) plante deshalb bereits ab 1953 die Ausstrahlung eines zweiten Fernsehprogramms. Da dieses durch den Widerstand der Bundesländer und des Bundestags nicht zustande kam, initiierte Adenauer 1958/59 ein staatliches Fernsehprogramm, das privatwirtschaftlich produziert werden sollte. Auf Antrag einiger Bundesländer verbot das Bundesverfassungsgericht (BVG) 1961 diese Konstruktion, weil das Fernsehen Teil der Kultur und damit eine Länder-Angelegenheit sei, und schrieb gleichzeitig den öffentlich-rechtlichen Charakter des Fernsehens aufgrund der nur gering vorhandenen Frequenzen fest. Das Fernsehen sollte pluralistisch und nichtstaatlich sein und den Interessen der Allgemeinheit dienen. Dieses Urteil (später als 1. Fernsehurteil bezeichnet) war von grundsätzlicher Bedeutung, weil es gleichzeitig auch das Verhältnis von Bund und Ländern regelte.“[19]

---

[19] https://www.bpb.de/themen/medien-journalismus/deutsche-fernsehgeschichte-in-ost-und-west/246194/entwicklung-zum-massenmedium/, Aufruf vom 15. 4. 2024.

Karl konnte sich lebhaft vorstellen, wie das Scheitern dieses Versuchs staatlicher Einflussnahme Adenauer verbitterte.

Am Beispiel des DDR-Fernsehens, wenn er es denn jemals gesehen haben sollte, konnte er gut verfolgen, wie oft der erste Mann im Ost-Staat im Fernsehbild auftauchte. Diesbezüglich stach Walter Ulbrich als Tonangebender in der damals SBZ (Sowjetischen Besatzungszone) Konrad Adenauer glatt aus.

Das kränkte natürlich, wenn man als Bundeskanzler oft nur am Rande und mit provokanten Fragen im doppelten Sinne gefilmt wurde. So entwickeln sich lebenslange Abneigungen.

Vielleicht riefen die Angestellten allerdings Adenauer auch zu sich in den Aufenthaltsraum, wenn er im Fernsehen in Bonn oder bei Staatsakten zu sehen war. Im Wohnzimmer und allen anderen Zimmern des Hauses fehlte jedenfalls ein Fernseher.

Ines meinte mit Blick auf die Fernsehabstinenz des ersten Bundeskanzlers leise: „Täte dir ja auch gut, wenn du nicht immer bis Mitternacht vor der Glotze hängen würdest.“

Karl fand das ungerecht, weil er nach dem gestrigen Fußballspiel noch längere Zeit bei den

Kommentaren und Interviews zum Spiel hängen geblieben war, jetzt so einen prinzipiellen Disput zum Fernsehen zu entwickeln. Er selbst sah sich eher als abstinent, von wenigen Ausnahmen abgesehen.

„Wir haben doch auch keine Fernseher im Wohnzimmer," murmelte er bei aller gegeben ehrfürchtigen Stille beim Standortwechsel.

„Dafür aber in der Küche, meine Lieber, was ja fast so ist wie hier schon vor 70 Jahren."

„Das macht das Abwaschen erträglicher", rechtfertigte er sich.

Beim Wechsel der Blickrichtung sowie des Standortes in Richtung Wohntrakt kam ihm in den Sinn, dass der spätere Kampf um das Farbfernsehen noch eine interessante deutsch-deutsche Konkurrenz offenbarte.

Am 20. Jahrestag der DDR 1969 startete mit einem verkürzten Wochenangebot auch das Zweite Programm des DDR-Fernsehens. Es zeigte passend zum Vorurteil von der SBZ zum Start vor allem russische Spielfilme im Originalton mit Untertiteln. Offenbar sollte das zu verstärktem Russischlernen animieren.

1969 begann in der DDR zugleich die Ausstrahlung von Farbfernsehsendungen.

Technisch wurde allerdings das in Frankreich entwickelte SECAM-System[20] genutzt, während in der Bundesrepublik das PAL-System[21] eingeführt wurde.

In der Konsequenz waren die jeweiligen anderen deutschen Programme weiterhin nur schwarz-weiß zu empfangen, auch wenn in Ostberlin parallel der neue Fernsehturm aus West- und Ostberlin gleichermaßen sichtbar war. Karl murmelte beziehungslos:

„Das Schwarz-Weiß-Denken verhindert die Sicht auf überall vorhandene Zwischentöne."

---

[20] SECAM (1956 vorgestellt, entwickelt von Henri de France)= Séquentiel couleur à mémoire = Farbabfolge mit Speicher, analoge Fernsehnorm für Farbübertragung, , gebräuchlich in Frankreich, Osteuropa, Teilen Afrikas, Vorläufer NTSC-Format in den USA.

[21] PAL-System (1962 Patent) = Phase-Alternating-Line-Verfahren, entwickelt von Walter Burch bei der Telefunken GmbH.

## Liebe zu Einfachheit, wie Sauerampfersuppe, aber Haustyrann bei Fehlverhalten

Der erste Bundeskanzler hielt offenbar nicht viel von Lob oder Motivation durch Schulterklopfen, an einen freundschaftlichen Klaps auf andere Körperteile gar nicht zu denken. Sein Grundsatz lautete: Keine Kritik war Anerkennung genug und natürlich musste alles hundertprozentig funktionieren.

Die Tag- und Nachtbereitschaft des Personals gehörte genauso dazu wie das Mitdenken bei der Vorbereitung von allen möglichen Besuchen in Adenauers Privathaus.

Karls Gedanken schweiften schon wieder ab. War er nicht selbst oft auch wegen geringster Kleinigkeiten, die im Haushalt nicht seinen Vorstellungen entsprachen, aufbrausend und jähzornig. Er hatte das verschmitzte Lächeln seiner neben ihm Sitzenden bei den Schilderungen typischer Ausfälle des Alten sehr wohl beobachtet. Aber seit er durch die Pflege seiner Frau viel mehr im Alltag übernehmen musste, als er sich je träumen ließ, hatte er es ja jetzt selbst in der Hand, den Alltag neu und besser zu organisieren. Selbstkritisch sah er ein, dass allein am Küchenmanagement noch viel zu verbessern blieb. Ein Blick in die Adenauer-Küche sollte von außen möglich sein.

Durch die riesige Verantwortung als Regierungschef musste Adenauer wahrscheinlich auch besonders empfindlich sein und konnte bestimmt nicht verstehen, warum Haus-Assistentinnen in seinem Haus nicht einfach nur dankbar waren, für und mit ihm zu arbeiten.

Wenn Besucher zu spät kamen, soll er sich unter eine der großen Standuhren schon im Eingangsbereich aufgebaut haben und schweigend auf das Ziffernblatt gedeutet haben. Wahrscheinlich gab es deshalb gleich drei große Standuhren im Haus.

Karl fand Unpünktlichkeit selbst im Familienkreis auch unmöglich. Er stimmte dem großen Pünktlichkeitsfanatiker zu. Wozu gab es Uhren? Wer andere warten ließ, missachtete deren Lebenszeit. Zeit war und blieb die einzige Ressource, die durch nichts zu ersetzen ist. Was an Zeit vertan wurde, ist unwiederbringlich weg. Immer wieder erinnerte sich Karl auch an sein allererstes populäres Sachbuch „Zeit müsste man haben“ aus dem Anfang der siebziger Jahre.

Er konnte ein Lied davon singen, denn er rannte kreativer Schaffenszeit immer hinterher.

Karl freute sich, dass der erste Mann im Staat in allen Dingen viel von Einfachheit hielt. Kritiker unterstellten ihm natürlich, dass er rhetorisch wenig brillierte und seine Botschaften oftmals in einfachsten Formulierungen mit zumindest leichtem rheinischem Dialekt vortrug. Adenauer fühlte sich auch keineswegs verspottet, wenn ihn Kritiker den „großen Vereinfacher“ nannten. Er empfand das Etikett umgekehrt als Lob. Im Komplizierten das Einfache zu sehen und es herauszufinden, bereitete ihm Freude. Seine oft wiederholten Formeln waren immer einfach, etwa „Freiheit, Frieden, Einheit“.

1957 fühlte er sich in seiner Theorie der Einfachheit bestätigt:

„Umfragen haben den Beweis erbracht, dass so, wie ich denke, fühle und spreche, heute der größte Teil in Deutschland fühlt, denkt und spricht.“[22] Das ließ sich nicht gerade als Kompliment für die Masse verstehen, aber entsprach den Tatsachen.

---

[22] Die Lage war noch nie so ernst, a. a. O. S. 50.

Karl konnte sich nicht daran erinnern, 1957 wie Adenauer gedacht zu haben. Aber er war ja in der SBZ, der Sowjetischen Besatzungszone, wie es in Adenauers Sprache immer hieß, gar nicht gefragt worden. Da war Karl gerade 11 Jahr alt und kannte Adenauer nur vom Hörensagen und Unterricht in der Schule.

Seine Geschichtslehrerin erklärte als abschreckendes Beispiel für Adenauers ganze Härte und Strenge, wie er seinen eigenen Sohn Georg als kleinen Jungen bestraft habe. Der hatte ein Kirchenfenster der Rhöndorfer Pfarrkirche mutwillig mit einem größeren Kieselstein durch eine Gummischleuder oder Zwille zerstört. Adenauer sperrte seinen Sohn dafür als Bestrafung zwei Tage und Nächte in seinen unwirtlichen Felsenkeller nur mit Wasser und Brot im Dunkeln ein.

Karl schauderte. Was war das für ein tyrannischer Vater gegenüber seinem jüngsten Sohn? Heute hielten Kleinkinder es in dem dunklen Verließ probeweise aus Spaß keine drei Minuten aus. Der Felsenkeller diente ursprünglich als Vorratskeller und im Zweiten Weltkrieg auch als Luftschutzbunker der Familie.

*Bild 13: Felsenkeller auf dem Adenauer-Grundstück*

Wer seinen eigenen Kindern solche Härte zeigt, kannte sicher kein Mitleid, wenn Angestellte oder Minister Fehler machten oder abweichender Meinung waren. Die Wahlerfolge Adenauers gaben ihm seit 1949 recht. Der Guide erklärte inzwischen

**Aus dem Rezeptbuch von Konrad Adenauers Haushälterin Resi Schlief**

**Basis: Helle Grundsuppe**
30 g Butter
30 g Meh
1 l Gemüsebrühe

Butter erhitzen, Mehl einstreuen, nach und nach die kalte Gemüsebrühe einrühren. Auf der schwach beheizten Herdstelle nachquellen lassen.

---

**Einlage - Möhrensuppe**:
200 g Möhren
1 Teelöffel Zitronensaft
1 Teelöffel Petersilie
1 Teelöffel Dill
2 Esslöffel Sahne

**Einlage – Sauerampfersuppe**
1 Bund Sauerampfer
1 Eigelb
1 Schuss Sahne

In die fertige helle Grundsuppe die feingeriebenen Möhren/den feingehackten Sauerampfer einrühren. Ziehen lassen, Würzen, Zitronensaft, Kräuter und Sahne oder Eigelb und Sahne hinzufügen.

noch einmal kurz, dass Adenauers Liebe zum Einfachen sich auch im Essen widerspiegelte. Zu seinen Lieblingsspeisen gehörten etwa Möhren- und Sauerampfersuppen. Karl hatte die beiden Rezepte aus dem Museumvorraum extra mit der Absicht eingepackt, sie vielleicht nachzukochen. Zugleich erinnerte er sich gern daran, dass sein jüngster Enkelsohn Jörg bei früheren Besuchen den Sauerampfer immer gleich aus der Wiese ausriss und hinterschlang. Ob ihm heute eine Suppe aus dem Wildgemüse schmecken würde, bezweifelte der unfreiwillig für den Haushalt daheim Zuständige. Aber die Rezepte sollte er seinem Enkel mitnehmen.

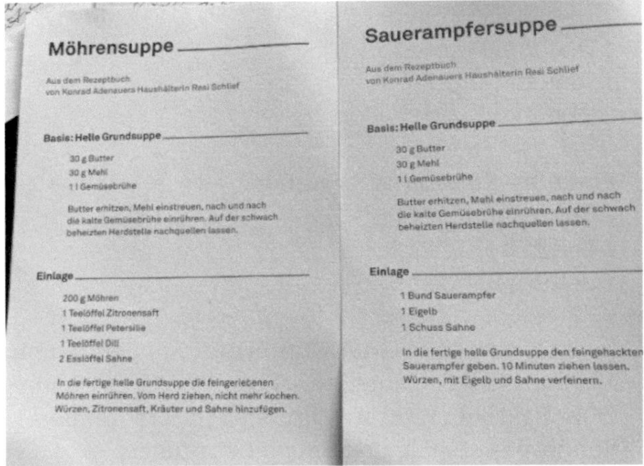

**Möhrensuppe**

Aus dem Rezeptbuch
von Konrad Adenauers Haushälterin Resi Schlief

**Basis: Helle Grundsuppe**

30 g Butter
30 g Mehl
1 l Gemüsebrühe

Butter erhitzen, Mehl einstreuen, nach und nach die kalte Gemüsebrühe einrühren. Auf der schwach beheizten Herdstelle nachquellen lassen.

**Einlage**

200 g Möhren
1 Teelöffel Zitronensaft
1 Teelöffel Petersilie
1 Teelöffel Dill
2 Esslöffel Sahne

In die fertige helle Grundsuppe die feingeriebenen Möhren einrühren. Vom Herd ziehen, nicht mehr kochen. Würzen, Zitronensaft, Kräuter und Sahne hinzufügen.

**Sauerampfersuppe**

Aus dem Rezeptbuch
von Konrad Adenauers Haushälterin Resi Schlief

**Basis: Helle Grundsuppe**

30 g Butter
30 g Mehl
1 l Gemüsebrühe

Butter erhitzen, Mehl einstreuen, nach und nach die kalte Gemüsebrühe einrühren. Auf der schwach beheizten Herdstelle nachquellen lassen.

**Einlage**

1 Bund Sauerampfer
1 Eigelb
1 Schuss Sahne

In die fertige helle Grundsuppe den feingehackten Sauerampfer geben. 10 Minuten ziehen lassen. Würzen, mit Eigelb und Sahne verfeinern.

*Bild 14: Rezepte von Resi Schlief für Adenauers Küche*

Heutzutage gewinnen einfache Gerichte neue Kunden, vielleicht gehören Adenauers Einfachsuppen dazu.

Das Prinzip der Einfachheit galt selbst bei den wenigen Staatsbesuchen in seinem Haus. Dazu gehörte der französischen Staatspräsident Charles de Gaulle. Nachdem Adenauers Haushälterin weisungsgemäß alle Vorbereitungen so familiär wie immer hielt, rollte das Auswärtige Amt rote Teppiche aus und setzte Staatssilber nach Schilderungen des Tourguides ein. Die schmollende Haushälterin verzog sich in die Küche. Adenauer ließ alles nach seinem Eintreffen rückgängig machen und zeigte, wer Hausherr war. Seine Haushälterin durfte ihren Pflaumenkuchen servieren und die aus Familienbesitz stammende Häkeldecke blieb aufgetischt.

Der erste Bundeskanzler überhörte die aus solchen Reaktionen resultierende Spöttelei wegen seiner Beratungsresistenz. Wer im Parlament nicht spurte, den setzte er durchaus mit Bemerkungen unter Druck, wie:

„Sie wollen doch nicht, dass ihre Frau von Ihrem Verhältnis erfährt, oder?“

Wer wollte schon unnötigen Familienzwist. Was man nicht weiß, macht einen nicht heiß.

# Erfinder des Kölner Notbrots und von Kuriositäten

Konrad Adenauer wurde den Besuchern seines Hauses nicht nur in seinen menschlichen Stärken und Schwächen sowie dem Interieur nahegebracht, sondern auch seinem Bemühen als Tüftler. Das stieß bei Karl als Innovationstheoretiker auf besonderes Interesse. Er stieß seine Frau an, die nur nickte und spöttisch meinte:

„Wahrscheinlich hat er so ähnlich nützliche Dinge erfunden wie ihr mit euren intelligenten Unterhosen."

Der Raum ließ ein Ausdiskutieren nicht zu. Karl puffte seine Frau lediglich freundschaftlich ein bisschen. Er wusste, dass sie sich auf einen Artikel bezog, in dem ihre „High-Tech Fashion Kreationen etwas auf die Schippe genommen wurden. Heutzutage sind smarte Produkte mit Zusatzfunktionen dagegen selbstverständlich im „Internet der Dinge" oder moderner gesagt „IoT, für Internet of Things." Das gab es aber zu Adenauers Zeiten noch gar nicht.

Sie erfuhren, dass Adenauer schon als 1. Beigeordneter in der Kölner Stadtverwaltung im

Ersten Weltkrieg 1915 auf den Grundsatz setzte: „Not macht erfinderisch.“

**Not macht erfinderisch.**

Das Brot wurde in Deutschland wie alle Ernährungsmittel durch die englische Seeblockade knapp. Es folgten bittere Hungerjahre. Adenauer entwickelte zusammen mit den Kölner Bäckern Jean und Josef Oebel ein Brot auf Maismehl-Basis, das sättigte und aus Rohstoffen hergestellt wurde, die zur damaligen Zeit nicht knapp oder rationiert waren.

Am 2. Mai 1915 bekam Adenauer vom Kaiserlichen Patentamt das Patent auf, das mit dem Bäcker entwickelte „Verfahren zur Herstellung eines dem rheinischen Roggenschwarzbrot ähnelnden Schrotbrotes“. Für das Brot wurde kein Weizen verwendet, sondern Mais. Da dieser bis dato vor allem als Nahrungsmittel für Tiere verwendet wurde, verunglimpften die Kölner das Adenauer-Brot als „Viehfutter“.

*Bild 15: Adenauers Notbrot*

Außerdem brachte das Brot Adenauer in Köln den Spitznamen „Graupenauer“ ein.

Heutzutage sind solche innovativen Brotsorten dagegen sehr gefragt, obwohl ein Versuch in den siebziger Jahren, das Adenauer-Brot mit einem Konterfei des ersten Bundeskanzlers und einer Bäckermütze populär zu machen, am Widerspruch der Erben scheiterte.

Der Vortragende erwähnte noch weitere Erfindungen Adenauers. Aus seinen Gartenerfahrungen etwa einen abklappbaren Brausekopf für Gießkannen oder einen elektrischen Insektentöter.

Letzterem bescheinigten Fachleute, dass er vor allem für den Anwender bei Gebrauch tödlich wirken könnte.

Besonders grämte Adenauer, dass seine Idee für das Löcherstopfen beim Nähen, etwa von dünnen

Strümpfen, nicht patentiert wurde. Bereits vor ihm kam ein anderer auf die Idee, dass man durch Beleuchtung eines sogenannten „Stopfeis“ das Loch oder die dünnen Fäden im Material besser erkennen konnte.

„Gar keine schlechte Idee“, murmelte Karls Frau, „obwohl ja keiner mehr Strümpfe stopft, sondern alles gleich weggeworfen wird.“

Sie stimmten überein und Karl verpasste beinahe Hinweise auf weitere Erfindungen Adenauers. Dazu gehörte ein neuartiger Rechen mit einem Hammer, in dem Spötter einen Fleischklopfer wiedererkannten.

*Bild 16: Adenauers Erfindung eines Funktionsrechens*

Die Idee aus der praktischen Gartenarbeit, gleich mit einem Gerät harken zu können und größere Erdbrocken zu zertrümmern, fand Ines gar nicht so schlecht. Karl enthielt sich lieber, weil er sehr selten im Garten arbeitete und die Funktionstüchtigkeit schlecht beurteilen konnte. Offenbar setzte sich die Idee jedoch auch nicht durch oder erhielt zumindest kein Patent, was den umtriebigen Erfinder natürlich schmerzte, wie der Guide lächelnd berichtete.

Seine fleischlose „Friedenswurst" erzielte als früher Vorläufer heutiger veganer Produkte auch keinen Durchbruch.

Laut Spiegelbericht mit Fotos erhielt Adenauer für seine Erfindungen zwischen 1905 und 1945 mindestens zwölf Patente - im Laufe seines Lebens machte er rund 40 Erfindungen.

# Biedermeier-Idylle Adenauers

Der Blick in die Wohnräume begann im Musikzimmer. Die etwas eigenartige graue Wandbespannung war eine Adenauer-Erfindung und irritierte. Aber in früheren herrschaftlichen Häusern gab es ja auch textile Tapeten und Stoffbespannungen, warum also nicht. Das moderne Hängesystem für Bilder gleich unterhalb der Decke erinnerte an eine Galerie.

*Bild 17: Blick in das Musikzimmer*

Die Wanddekoration passte Karls Meinung nach nicht zum sonst eher einfachen Geschmack und schlichten Stil, aber dagegen sprachen wiederum die wuchtigen Kronleuchter. Das Klavier, an dem Konrad Adenauer selbst hin und wieder gespielt haben soll, nahmen die Erben mit, bevor das Haus dem Staat geschenkt wurde. Über regelrechte Hauskonzerte wie bei Albert Einstein mit seiner Geige hörte Karl nichts.

Er hätte das Klavier gern gesehen, weil er selbst als Kind eine sehr schmale Periode lang Klavierspielen lernen sollte. Ihm lag nicht viel daran, zumal sie kein eigenes Klavier hatten und ihm das Notenlernen schwerfiel sowie die Musikalität fehlte.

Obwohl es Karl heute immer peinlich berührt, gab er zu, dass ihn der Tod seiner schon älteren Klavierlehrerin damals regelrecht befreite. In Ermangelung einer anderen Lehrerin entging ihm die Klavierfreude von da an. Der Unterricht musste wegen des Sterbefalls ausfallen.

Karl beschäftigte, ob ihr Enkel Jörg noch Geige spielte. Der Großvater hatte einige seiner Stücke gehört und Mühe, nicht demotivierend zu grinsen. Bei ihrem diesmaligen Besuch hatte er noch nichts vernommen. Er wollte fragen. Seine Frau legte jedoch den Finger auf den Mund und sie konzentrierten sich auf weitere Erläuterungen des Hausführers.

Er erwähnte gerade, dass die große Vase in der hinteren Ecke ein Geschenk aus Korea an den Bundeskanzler gewesen sei. Mit über 3000 Jahren Alter sei es vermutlich das wertvollste Stück im Hause.

Karl nahm an, dass der Kanzler eher Besuch aus Süd- denn Nordkorea erhielt und wunderte sich sofort, warum die Vase noch hier in seinem Privathaus stand, statt im Bundeskanzleramt.

Der Guide erklärte mit feinem Schmunzeln, dass man zu Beginn der Bundesrepublik noch nicht alle Regeln so wie heutzutage aufgestellt hatte und der Kanzler damals noch selbst entschied, was er behielt.

Karl hätte die Vase jetzt nicht für so alt gehalten und misstraute sowieso den überall als echte Biedermeier-Originale angepriesenen Schränken, Tischen und Sitzmöbeln. Nach dem Zweiten Weltkrieg wurden viele Möbel gerade im Ruhr-Rheingebiet nachgebaut und als „echt“ verkauft. Das sogenannte Gelsenkirchener Barock stand hier ganz vorn.

Beim Einrichten seiner Zweitwohnung im Ruhrgebiet war Karl selbst auf ein solches „Schnäppchen“ reingefallen.

Warum sollte der Sparfuchs Adenauer nicht täuschend ähnliche gute Reproduktionen statt teurer Originalmöbel akzeptiert haben? Karl ließ seinen Blick über Eckvitrinen und Tische wie Stühle schweifen. Sein Geschmack wären die vielen sich hinter Glas befindlichen Kristall- und Porzellansachen nicht.

Den meisten Menschen fehlt der scharfe Blick, mit dem man Kopien aller Art von Originalen unterscheiden konnte. Das galt auch für die zahlreichen Bilder. Adenauers Glaube, einen echten Rembrandt zu besitzen, löste sich später in Luft auf. Er sorgte für einen regelmäßigen Austausch der Bilder und nutzte dazu das unter der Decke umlaufende flexible Hängesystem. Hinter kleinen Schals versteckt gab es auch ein spezielles von ihm selbst entwickeltes Beleuchtungssystem, um die wertvollen Bilder ins rechte Licht zu rücken.

*Bild 18: Adenauers Wohnzimmer*

Die religiösen Motive dominierten. Adenauer entspannte sich damit beim Betrachten wie andere beim Joggen.

„Kunstjoggen als Fitness, auch nicht schlecht", murmelte Karl und nahm sich vor, öfter seine eigenen Bilder befreundeter Maler zu betrachten, statt auf den Heimtrainer zu steigen.

Der Kanzler soll mit seinem wichtigsten Kunsthändler in regelmäßigem Austausch gestanden haben. Adenauers Enkel bestätigten, dass dabei weniger gekauft als tatsächlich getauscht wurde. Angeblich ging es dabei auch um große Meister wie Raffael, Cranach, El Greco oder Adenauers Lieblingsmaler Tizian.[23]

Zu den Bildern an den Wänden äußerte sich der Guide nicht weiter. Er betonte lediglich, dass Adenauer ein Kunstfreund war und ausdrucksstarke religiöse Motive gern sah. Nach seinem Tode erwiesen sich viele Kostbarkeiten offenbar doch als gute Kopien, wenn sie auch aus der jeweiligen Zeit stammten und damit den Zeitperioden zugerechnet werden konnten. Der Kunsthändler Adenauers

---

[23] Bechtold, Jonas/Hermel, Jochen: Der Kanzler und die Kunst – Konrad Adenauers Privatsammlung. Ein Interview mit Konrad Adenauer, in: Historien. Rheinische Geschichte wissenschaftlich bloggen, 13.05.2019, http://histrhen.landesgeschichte.eu/2019/05/der-kanzler-und-die-kunst/http://histrhen.landesgeschichte.eu/2019/05/der-kanzler-und-die-kunst/, Aufruf vom 15.4. 2024.

veröffentlichte ein Buch über den Bundeskanzler als Kunstkenner.[24]

Zu den kuriosen Dingen aus dem Umfeld des Kunstliebhabers zählt, dass es natürlich auch Bildergeschenke gab, die nicht so besonders waren.

Dazu gehören zum Beispiel zwei Gemälde von eigener Hand, die ihm Winston Churchill und Dwight D. Eisenhower schenkten. Churchill war ein bekannter Hobbymaler, Eisenhower weniger bekannt. Über die Qualität der beiden geschenkten Bilder lässt sich sicherlich streiten, aber klar ist, dass man sie bei Besuchen der hohen Herren im Adenauerhaus zeigen musste. Das verlangt notfalls hektische Umhänge-Aktionen, die sonst regelmäßig stattfanden und zu Adenauers Entspannung beitrugen.

Das Wohnhaus Konrad Adenauers in Rhöndorf fasste Karl als einen Ort auf, der seine Persönlichkeit und seinen Lebensstil voll widerspiegelten. Adenauer lebte dort während seiner Amtszeit als Bundeskanzler und auch nach seinem Ausscheiden aus dem Amt wie eingeweckt. Es war jene Tradition, die heute Biedermeier als ein

---

[24]Kister, Heinz: Adenauer als Kunstsammler, München 1970.

Synonym für kleinbürgerlich-behagliche Kuschelatmosphäre und vor allem auf Unveränderbarkeit ausgerichtete Traditionsbewahrung sieht.

„Keine Experimente“, schon gar nicht im eigenen Wohnbereich.

# Kindheitserinnerungen durch den jüngsten Teilnehmer

Es dauerte immer ein bisschen, bis sich die Besucher in einem neuen Raum des Wohntraktes sortierten. Karl war durch das Stühlerücken mit Regenschirm und Handtasche bemüht, möglichst mit ersterem niemanden zu gefährden und aus der großen Handtasche weder die Trinkflasche noch etwas von jenen Utensilien zu verlieren, die meistens unnötigerweise das Gewicht der Tasche erhöhten. Ein Besucher half mit dem Stuhl erneut nach.

Mit vollem Blick in den Wohntrakt und ins Rheintal erklärte der Guide nochmal die von Adenauer selbst entwickelten Strahler zum Ausleuchten der Bilder. Die museale Wirkung war beeindruckend, erschien Ines für privates Wohnen aber abschreckend.

*Bild 19: Adenauers Lieblingssitzecke mit Bilderbeleuchtung*

Durch die kleinen Minivorhänge konnten die Strahler zugezogen werden und wirkten nicht gar so theaterhaft. Der Tourleiter erklärte dazu, dass Adenauer auf obiger Couch am liebsten am Fenster rechts saß, wo er das Geschehen im Wohnzimmer und das Rheintal im Blick hatte.

Dann begann eine kleine Examinierung der Besucher, was denn wohl die vier oder fünf wichtigsten Leistungen Konrad Adenauers in seinen 14 Jahren Regierungszeit gewesen seien.

Karl dachte spontan, dass Adenauer sich selbst zum Kanzler gewählt hatte, aber das war sicherlich nicht gemeint.

Hier ging es um geopolitische Fragen im frühen Ost-West-Konflikt der fünfziger Jahre des vorigen Jahrhunderts.

Der Examinierer schaute jetzt die Schar der Besucher mit ein bisschen gönnerhafter Weisheit eines Oberlehrers an, der genau wusste, wen er drannehmen musste, um ihn in seinem erbärmlichen Wissen richtig bloßstellen zu können.

Die Erwachsenen schauten angestrengt auf die Bilder und Ausstellungstücke mit Biedermeiercharme, aber keiner wollte vorprellen oder sich gar blamieren. Nur der vielleicht acht- bis zehnjährige Junge schaute etwas verträumt in Rheinrichtung, als wäre er lieber dort, statt hier in dem altmodisch anmutenden Wohnraum.

Da erwischte ihn der Tourleiter und sprach ihn direkt an:

„Na, was weißt du denn schon von Konrad Adenauers Leistungen als 1. Bundeskanzler?“

Der Junge stammelte etwas vom NATO-Beitritt und sah hilflos auf seine Großeltern, einer mit Hut half nach.

„Die Westintegration und überhaupt die Aussöhnung mit Frankreich.“ Dann übernahm mit Zustimmen wieder der Leiter des Rundgangs.

Karl fühlte mit dem Jungen, der jetzt einen hochroten Kopf hatte und sich am liebsten in den weiten Röcken seiner Großmutter verkriechen wollte. Komischerweise fiel Karl ein nicht passender Vergleich aus einer großen Karnevalsfeier ein, an der er als etwa gleichaltriger Junge teilgenommen hatte. In einem Wettstreit zweier Gruppen sollten verschiedene Stuhlformen benannt werden. Es ging um Formen wie den Küchenstuhl, Korbstuhl, Gartenstuhl, Klappstuhl, Schaukelstuhl usw., aber auch Fahrstuhl oder Dachstuhl und Webstuhl wurden laut in den vollen Saal gerufen.

Als Karl eine Stuhlart benennen sollte, machte er sich vor Aufregung beinahe in die Hose. Es wurde still im Saal. Alle Blicke auf sich gerichtet, rutschte ihm spontan passend zu seinem Bauchgefühl nur „Stuhlgang“ raus.

Das war in Bezug auf ein Sitzmöbel nicht erwartet worden. Heutzutage wusste er aus praktischer Erfahrung, dass es durchaus Toilettenstühle gab.

Als alle sich vor Lachen über seinen „Stuhlgang" krümmten und brüllten, lief er genauso an wie der Examinierte hier im Adenauer-Wohnzimmer.

Immer, wenn es um ähnliche Situationen öffentlicher Wortmeldungen ging, musste Karl an seine Kindheit denken und das Stuhlraten. Er nahm sich seither stille Zurückhaltung vor, weil er wusste, alles andere konnte leicht im wahrsten Sinne des Wortes in die Hose gehen.

Der Referent aus der Stiftung des Adenauer-Hauses[25] referierte jetzt wie aus dem Lehrbuch:

Konrad Adenauer, der erste Bundeskanzler der Bundesrepublik Deutschland, hatte eine Vielzahl von Verdiensten, die ihn zu einer der prägendsten Persönlichkeiten der deutschen Nachkriegsgeschichte machen. Zu seinen größten Verdiensten zählten…

Karl grübelte.

Der Osten Deutschlands, aus dem sie stammten, kam mit keinem Wort vor.

---

[25] Stiftung Bundeskanzler-Adenauer Haus. https://adenauerhaus.de/

# Verlorenes „Deutschland einig Vaterland“ nach dem II. Weltkrieg

Zu den Glanzleistungen Adenauers zählte einer der Besucher zu Karls Verblüffung noch, dass dieser diskussionslos die alte Nationalhymne durchsetzte, indem er ihre dritte Strophe einfach bei einer großen Versammlung in Berlin anstimmte. Angesichts seiner musikalischen Begabung wird das zumindest melodisch funktioniert haben. Inhaltlich sah Karl das kritisch.

Das alte Lied der Deutschen von Hoffman von Fallersleben klang ihm viel zu sehr in der ersten Strophe nach Naziideologie, wenn es hieß:
*„Deutschland, Deutschland über alles,*
*Über alles in der Welt.“*

Die im weiteren Verlauf der ersten Strophe genannten Flüsse,
*"Von der Maas bis zu der Memel,*
*Von der Etsch bis zu dem Belt.“*

kennen die meisten gar nicht mehr, na gut, die Maas im Westen durch Maastricht vielleicht schon, aber die Memel ganz im Osten?

Es handelt sich um einen Fluss von Belarus bis Litauen und zur Ostsee, den die wenigsten einordnen könnten. Er heißt im Mittel- und Oberlauf Njemen, von den anderen Sprachen abgesehen. Aber heute wird ja nur noch die dritte Strophe des alten Deutschlandliedes als offizieller Text der Nationalhymne gesungen.

*„Einigkeit und Recht und Freiheit*
*für das deutsche Vaterland!*
*Danach lasst uns alle streben*
*brüderlich mit Herz und Hand!*
*Einigkeit und Recht und Freiheit*
*sind des Glückes Unterpfand:*
*|: Blüh im Glanze dieses Glückes,*
*blühe, deutsches Vaterland!“*

Karl fiel die Diskussion um die neue Nationalhymne nach der Wiedervereinigung ein. Ihm gefiel die von Johannes R. Becher 1949 gedichtete Hymne schon deshalb besser, weil sie noch die Einigkeit Deutschlands betonte.

*„Auferstanden aus Ruinen*
*und der Zukunft zugewandt,*
*lass uns dir zum Guten dienen,*
*Deutschland, einig Vaterland.*
*Alte Not gilt es zu zwingen,*
*und wir zwingen sie vereint,*
*denn es muss uns doch gelingen,*
*dass die Sonne schön wie nie*
*über Deutschland scheint."*

Karl lernte die neue Hymne als Kind rasch. Er erinnerte sich besonders oft an sie, wenn er in seiner Wahlheimat Bad Saarow am See entlanglief und an Bechers Denkmal vorbeikam.

Der in der DDR verehrte Dichter war auch Kulturminister und besaß in Bad Saarow ein Sommerhaus, das er so oft wie möglich besuchte. Er segelte hier gern auf dem großen Scharmützelsee, schrieb Gedichte sowie Erinnerungen und war den alten Saarowern als Frauenheld bekannt.

Nach seinem Tode vererbte seine Witwe das kleine Gartenhaus der Gemeinde, wohl in der Annahme, dass es einmal ein Touristenmagnet wie Goethes Gartenhaus werden könnte. Damals war allerdings nicht absehbar, dass es zur Wiedervereinigung käme. Heute ist das Grundstück verkauft mit der Maßgabe des Denkmalschutzes für das Gartenhaus, aber wem nutzt das, wenn kein Fremder ein Privatgrundstück betreten kann.

*Bild 20: Denkmal von Johannes R. Becher in Bad Saarow*

Das hatten die Adenauer-Erben besser gelöst durch ihre Schenkung.

Was gab es für ein Theater um gerade die oben zitierte Strophe der DDR-Hymne und das hier klar formulierte „Deutschland, einig Vaterland." Erst rutschte es in der Prioritätenliste der jungen Bunderepublik an die dritte Stelle im Dreiklang Freiheit, Fortschritt, Einheit.

Dann verschwand die Einheit in den siebziger Jahren auch in den Gesangsversionen der Nationalhymne in der DDR. Die erste Strophe wurde nicht mehr gesungen, sondern nur noch die von Hans Eisler komponierte Melodie gespielt. Die wichtigste Radiostation des Ostens, der Deutschlandsender, wurde auch Anfang der siebziger Jahre in „Stimme der DDR" umbenannt. Über die deutsche Einheit wurde nicht mehr gesprochen.

Karl summte unauffällig die Melodie, unterbrach sich aber selbst, als einer der Besucher ihn etwas irritiert ansah. Er lächelte verlegen und beugte sich zu seiner Frau, um sich gleich wieder aufzurichten. Gegen den Text oder die eingängige Melodie gab es nichts einzuwenden.

Als dann nach der Wiedervereinigung sogar darüber diskutiert wurde, eine ganz neue Hymne gemeinsam zu kreieren oder beide Hymnen zu vereinen, schien das möglich, zumal auch Bert Brechts „Kinderhymne“ als Alternative in die Diskussion kam. Da hieß es:

*Anmut sparet nicht noch Mühe*
*Leidenschaft nicht noch Verstand.*
*Dass ein gutes Deutschland blühe*
*Wie ein andres gutes Land.*
*Dass die Völker nicht erbleichen*
*Wie vor einer Räuberin*
*Sondern ihre Hände reichen*
*Uns wie anderen Völkern hin…*

Wie in allem anderen, gab es keinen Kompromiss, sondern die Festlegung auf die dritte Strophe des alten Liedes der Deutschen. Im Zuge der Genderdiskussion sollten da Formulierungen wie „Vaterland“ durch „Heimatland“ und „brüderlich“ durch „couragiert“ ersetzt werden, was auch schön wäre.

Karl konnte sich auf die weiteren Erklärungen im Adenauerhaus nicht mehr richtig konzentrieren. Er blieb gedanklich bei dem kleineren

Deutschlandteil im Osten hängen, in dem er 1946 geboren wurde.

Für seine Geburtszeit und den Geburtsort kann keiner. Es war halt Pech, wenn man nach dem Kriegsende zu weit im Osten des geschlagenen Deutschlands das Licht der Welt erblickte und seine Eltern, aus welchen Gründen auch immer, in der angeborenen östlichen Heimat ausharrten.

Adenauer blieb als Bundeskanzler in Rhöndorf wohnen. Er zählte schon über 70 Lenze, als Karl in Tangermünde aufwuchs.

Der Tourguide ging jetzt direkt zur Gründung der Bundesrepublik im Jahre 1949 über. Die kurz darauf erfolgte Gründung des zweiten deutschen Staates fand keine Erwähnung.

Adenauers Wahlspruch „Lieber ein halbes Deutschland ganz als ein ganzes Deutschland halb“ hatte Bestand.

Lieber ein halbes Deutschland ganz als ein ganzes Deutschland halb.

# Geheimaktion zur westlichen Währungsreform von 1948

Karl stutzte. War da nicht ein für die Gründung des westdeutschen Staates entscheidender Faktor übersprungen worden? Nach seiner Erinnerung gab es doch ein Jahr vor der Gründung der Bundesrepublik im Westen die Einführung der DM. Das war doch der Einschnitt, der die Spaltung beflügelte.

Sollte er sich als einziger Ostdeutscher mit seiner Frau jetzt besserwisserisch hinstellen und nach der übergangenen Währungsreform fragen? Noch dazu, wo sich alle Teilnehmer der Besichtigung so liebevoll um seine Frau bemühten. Die Aktion fand nicht hier in Rhöndorf, sondern in einem Fliegerhost in der Nähe von Fuldatal bei Kassel, weit weg, statt.

Karl entschloss sich zu schweigen und abzuwarten, während er an seinen mehrfachen Besuch in dem unscheinbaren Ort denken musste. Er hätte sich nie dahin verirrt, wenn nicht einer seiner gut betuchten Auftraggeber den Wunsch gehabt hätte, zu der ersten Währungsreform nach dem Zweiten Weltkrieg einen regelrechten Krimi zu schreiben oder noch besser einen Film zu drehen.

„Das war wirklich ein richtiger Krimi, wie die Währungsreform im Westen heimlich nach dem Verkünden des US-Marshallplans für den Wiederaufbau Westdeutschlands seit 1947 vorbereitet und durchgezogen wurde.“

Karls damaliger Geschäftspartner geriet regelrecht ins Schwärmen und erwies sich wie Adenauer als Krimi-Fan.

„Die beteiligten deutschen Finanzfachleute wurden, wie bei der Papstwahl regelrecht kaserniert. Daher der Name »Konklave von Rothwesten«. Die Teilnehmer waren wochenlang eingesperrt, bewacht von US-Soldaten, ohne Telefone, bis der Deal stand.“

Karl musste erst einmal viel nachlesen und im Internet suchen. Kassel kannte er nur von den Kunstausstellungen vom Hörensagen her, zuletzt eher unrühmlich.

„Sie müssen unbedingt bald in das Museum der Währungsreform fahren“, empfahl sein Auftraggeber und Karl setzte sich in den Zug von Berlin nach Kassel-Wilhelmshöhe. Dort wurde er von dem damaligen Museumsleiter und Vorsitzenden des ehrenamtlichen Museumsvereins Währungsreform mit dem Auto abgeholt.

Aus dem Vereinsvorsitzenden sprudelte es nur so bei Karls Besuch vor über zehn Jahren:

„Alt-Bundeskanzler Helmut Schmidt schrieb 1987 in seinem Buch „Menschen und Mächte": Edward A. Tenenbaum, das war der junge Ami, der die Aktion leitete, verdient ein Denkmal in der deutschen Wirtschaftsgeschichte.

Zu einem Denkmal hat es nicht gereicht, aber die Gemeinde Fuldatal hat eine Straße nach ihm benannt. Sie führt in der „Fritz-Erler-Anlage" von der Sonnenallee direkt zum „Haus Posen".

*Bild 21: Ort des Konklaves zur Währungsreform, Haus Posen in der Gemeinde Fuldatal*

Der Fuldaer erzählte weiter, als wäre alles erst gestern geschehen. Im heutigen „Haus Posen" fand im Frühjahr 1948 das „Konklave von Rothwesten" statt. „Dort, in der Abgeschiedenheit der ehemaligen Fliegerhorst-Kaserne, von US-Truppen belegt, hatten die Amerikaner in völliger Geheimhaltung vom 28. April bis zum 8. Juni 1948 elf deutsche Finanzexperten aus den Ländern der westlichen Besatzungszonen zusammengebracht. Hinter Schloss und Riegel, von US-Militärpolizisten mit Maschinenpistolen bewacht, haben diese unter der Leitung des jungen US-Volkswirtschaftlers Edward A. Tenenbaum innerhalb von sieben Wochen die gesetzlichen Grundlagen mit allen Verordnungen und Durchführungsanweisungen für die Währungsreform erarbeitet."

Karl war beeindruckt. Das kannte er alles nicht und fragte spontan, ob Tenenbaum[26] noch lebte. Der betagte Vereinsvorsitzende zuckte die Schultern und erzählte weiter.

„Auf deren Grundlage kam am 20. Juni 1948 die neue D-Mark zur Auszahlung. Jeder erhielt 40 DM Kopfgeld. Das neue Geld war Ende 1947 bereits in

---

[26] Edward Adam Tenenbaum (10.11.1921 New York – 14.10.1975, bei Harrisburg, Pennsylvania) gilt als „Vater der Deutschen Mark", https://de.wikipedia.org/wiki/Edward_A._Tenenbaum

den Vereinigten Staaten gedruckt und per Schiff und Bahntransport in rd. 23000 Kisten über Bremerhaven nach Frankfurt in der US-Zone verbracht worden. Auch dies blieb weitgehend geheim und stellte einen glatten Bruch des Potsdamer Abkommens dar, nach dem eine Währungsreform in allen vier Sektoren Deutschlands gleichzeitig erfolgen sollte."

Karl glaubte, dass es sich tatsächlich um eine superspannende Geschichte aus den Anfängen Nachkriegs-Deutschlands handelte, wobei die Gelinkten natürlich die Ostdeutschen in der damaligen Sowjetischen Besatzungszone waren.

Karl stieß seine Frau an, um sie an seinen Gedanken teilhaben zu lassen. Sie wollte aber mehr über Adenauers Gartenleidenschaft erfahren und ließ sich nicht ablenken.

Karl hatte seinen Beinahe-Einstieg in die Krimiliteratur ganz und gar vergessen. Dabei handelte es sich um einen Krimi von nationaler, nein europäischer und sogar geopolitischer Bedeutung.

Der Chef des Fuldaer Währungsvereins redete Karl so lange zu, bis er sich sogar zu einer Vereinsmitgliedschaft überreden ließ, weil die

Recherchen zu dem Politkrimi ja viel Zeit in Anspruch nehmen würden.

Karl grübelte, wie lange seine diesbezüglichen Recherchen zurückgingen und konnte sich nicht recht erinnern. Es waren aber offenbar mehr als 15 Jahre. Das ganze Vorhaben stockte, als bei seinem Partner ein Gehirntumor festgestellt wurde. Das Krimiprojekt verlor rasch an Bedeutung. Die Vorarbeiten und Recherchen interessierten keinen mehr, als sein Auftraggeber nach einer OP einige Wochen später an einer Sepsis verstarb. Damit musste auch das Krimiprojekt beerdigt werden.

Karl stellte zwei Jahre später seine Mitgliedschaft im Fuldaer ehrenamtlichen Verein ein.

Jetzt überlegte er, wie er seine damalige Mitwirkung überhaupt beweisen könnte, falls ihm jemand unterstellen sollte, sich die ganze Geschichte ausgedacht zu haben.

Die damaligen Kontakte hatte er leider auch verloren, obwohl er sich sogar per E-Mail in den USA um Nachfolger von Tenenbaum kümmerte. Sein Hintergedanke war dabei, dass sein großzügiger Auftraggeber und Krimi-Fan bestimmt auch eine USA-Reise finanzieren würde, wenn sie sich als nützlich für die Sache erweisen sollte.

Der harte Währungsschnitt von 1948 in den drei Westzonen war die Bais für die spätere Gründung der Bundesrepublik 1949. Wie von Geisterhand gesteuert, füllten sich am Tag nach der Währungsreform die Regale. Der Einstieg in Ehrhards Wirtschaftswunder gelang vor allem auch gestützt auf die neue starke Währung, die DM.

Die Sowjetunion reagierte mit einer Blockade der Zufahrtswege und Eisenbahnstrecken nach Westberlin. Die Alliierten und vor allem die USA eröffneten eine Luftbrücke und versorgten die Westberliner Bevölkerung aus der Luft. An die sogenannten Rosinenbomber wurde 2023 angesichts des 75-jährigen Bestehens der Luftbrücke vielfach erinnert.

Im Osten Deutschlands wurde etwas später eine Währungsreform mit der Einführung der Mark der Deutschen Notenbank durchgeführt, um ein Überschwemmen mit der inzwischen wertlos gewordenen bisher gültigen Reichsmark aus dem Westen zu verhindern.

In dem sich drei Jahre nach dem Kriegsende zuspitzenden Ost-Westkonflikt hörte sich der Protest aus dem sowjetisch besetzen Ostteil Deutschlands so an:

„Am 20. Juni 1948 führten die imperialistischen Besatzungsmächte in den Westzonen eine separate Währungsreform durch. Sie war der wichtigste ökonomische Schritt auf dem Wege zur westdeutschen Staatsbildung. Die imperialistische Reaktion beschleunigte damit die Trennung der Wirtschaftsbeziehungen zwischen den Westzonen und der sowjetischen Besatzungszone. Die Sowjetunion hatte sich in ihrem Bestreben, die Entwicklung der Friedenswirtschaft auf der Grundlage des Potsdamer Abkommens zu sichern, um eine gesamtdeutsche Währungsreform bemüht und vor einer Währungsspaltung eindringlich gewarnt. Jetzt musste sie Gegenmaßnahmen ergreifen, um die sowjetische Besatzungszone vor wirtschaftlichem Schaden zu bewahren.“[27]

Der Erfolg im Westen zeigte sich im Wirtschaftswunder. Der Osten zahlte Reparationen.

---

27 https://www.bpb.de/shop/zeitschriften/apuz/archiv/538532/die-waehrungsreform-in-ostdeutschland-und-die-entwicklung-des-geld-und-bankenwesens-in-der-ddr/ Aufruf vom 18.4.2024.

*Bild 22: Ausstellung beim Adenauerhaus zum Wirtschaftswunder*

# „Rhöndorfer Konferenz“ im Privathaus Adenauers

Wie Adenauer sich nach der ersten Bundestagswahl im August 1949 selbst als Bundeskanzler empfahl, nötigte Karl allen Respekt ab. Er wusste zwar, dass etwa eine Woche nach der Wahl zum ersten Deutschen Bundestag in Konrad Adenauers Privathaus eine Besprechung führender Politiker der CDU und CSU stattfand, aber hätte nie vermutet, dass dieses Treffen einmal als „Rhöndorfer Konferenz“ in die Geschichte eingehen würde. Praktisch nutzte Adenauer seine Einladung zu einer Art „Kaffeekränzchen“ mit viel Chuzpe für sich.

Das begann schon bei der Auswahl der Einzuladenden aus der CDU und CSU. Nach dem knappen Wahlausgang zugunsten der CDU gab es nicht wenige, die auch angesichts der Größe der nationalen Wiederaufbauarbeit für eine große Koalition mit der SPD eintraten. Wenn deren Vertreter nicht einmal am Katzentisch sitzen konnten, hatten sie auch nichts zu melden. Uneingeladen konnten sie sich schlecht ins Haus schleichen.

*Bild 23: Adenauerhaus als informeller Konferenzort*

Als Gastgeber übernahm der Hausherr logischerweise die Leitung der Gespräche. Wer könnte außer ihm in seinem eigenen Haus auch sonst die Tafel eröffnen und später als Erster das Weinglas erheben? Böse Zungen meinten deshalb bald nach der Konferenz, Adenauer habe durch gutes Essen und Trinken die Teilnehmer so satt und betrunken gemacht, dass sie gar nicht anders konnten, als seinen Vorschlägen zu folgen.

Im Hinblick auf die partei- und personalpolitischen Richtungsentscheidungen setzte er sich mit Bravour durch – auch wenn die Bestätigung durch die CDU/CSU-

Bundestagsfraktion erst später erfolgte. In der Begleitausstellung zum Adenauer-Haus kann man sehr schön sehen, dass Adenauer viel daran lag, sein Bestes vom Kaffeegeschirr bis zum Wein zu geben.

*Bild 24: Die Teilnehmerliste der Rhöndorfer Konferenz und das edle Geschirr, das an diesem 21. August 1949 benutzt wurde, in der Ausstellung des Adenauerhauses in Rhöndorf*[28]

---

28 https://www.welt.de/geschichte/article198969875/Koalition-1949-Mit-Alkohol-trickste-sich-Adenauer-ins-Kanzleramt.html.

Es handelte sich wie gesagt um eine formlose Besprechung, bei der Adenauer als Hausherr logisch den Vorsitz führte. Das Gremium war sich sogar zu Beginn des Kaffeetrinkens darüber einig, dass hier keine offiziellen Beschlüsse gefällt werden könnten, schon weil ja Befürworter einer Großen Koalition fehlten und die von Adenauer handverlesenen Teilnehmer auch gar keine übergreifenden parteipolitischen Befugnisse besaßen.

Allerdings nahmen bekannte Persönlichkeiten, wie der Begründer der sozialen Marktwirtschaft Ludwig Erhard und Franz Josef Strauß von der CSU aus Bayern, an der Runde teil.

Nach Aussagen der Tourguides schwärmte Strauß nachhaltig davon, noch nie so guten Wein getrunken zu haben, was natürlich bei einem passionierten Liebhaber bayrischen Bieres nun auch nicht so viel heißen musste.

Aber auch Weinkenner gaben zu, dass Adenauer sich durch die Auswahl des edlen Weines „Trocken Beeren Terrassen Auslese“ Anerkennung und Freunde gewann. Es ging auch um sehr viel und vor allem die delikate Frage, wer als Kanzler vorgeschlagen werden sollte.

Die Frage der Kanzlerschaft blieb zu Beginn des Treffens in Rhöndorf völlig offen. Adenauer gehörte zwar zu den inzwischen wohl wichtigsten Persönlichkeiten in der Union, aber es gab noch gar keine bundesweite Parteiführung. Er war Vorsitzender des bedeutendsten Landesverbandes der CDU Nordrhein-Westfalen und konnte auf eine lange Karriere in der Politik vom Kölner Oberbürgermeister bis zum Präsidenten des Parlamentarischen Rates zurückblicken, aber es gab keinen offiziellen Vorschlag für ihn.

Dass er bei der Bundestagswahl schon auf Plakaten als Werbefigur der Union zu sehen war, sprach für ihn, aber sonst nicht viel. Die Wähler kannten ihn etwas und konnten mit seinem Konterfei und Namen vielleicht etwas anfangen.

Gegen ihn sprach dagegen vor allem sein fortgeschrittenes Alter. Im Sommer 1949 war Adenauer schon 73 Jahre alt. Es kam noch hinzu, dass er als Diabetiker mit schwereren gesundheitlichen Problemen rechnen konnte. Aber auch da hatte Adenauer vorgebeugt und sich schon eine Art Attest von seinem Hausarzt besorgt.

Dabei ging es darum, dass Adenauer gesundheitlich ein oder zwei Jahre für kanzlertauglich befunden wurde und dass der anwesenden Runde offenbar auch so darstellte. Daraus ließ sich schlussfolgern, dass er vielleicht die halbe Legislaturperiode an der Spitze stehen würde, bis ein jüngerer und leistungsfähigerer Kandidat gefunden wäre.

Wer dann schließlich den Namen Adenauer in die Runde warf, lässt sich zweifelsfrei nicht mehr feststellen, weil es zwar Privatnotizen zum Treffen gab, aber kein offizielles Protokoll.

Am ehesten ist zu vermuten, dass er sich selbst ins Spiel brachte, etwa durch so verkorkste Sätze wie den von einem Teilnehmer mitstenographierten Satz: „Man hat mich dazu vermocht, mich für die Stellung des Bundeskanzlers zur Verfügung zu stellen. Ich bin trotz meiner Jahre grundsätzlich hierzu bereit.“[29]

Mit der wissentlichen Absicht, keinesfalls die Macht nach so kurzer Zeit abzugeben, begann Adenauers Kanzlerkariere im Grunde mit einer glatten Lüge. Er blieb tatschlich vierzehn Jahre von 1949 bis 1963 im Amt.

Ludwig Erhard erwies sich in der Diskussion und Kaffeesatzleserei als wichtiger Unterstützer Adenauers. Im Wahlkampf hatte er als populärer Redner sein Konzept der Sozialen Marktwirtschaft

---

[29] Ebenda.

vertreten. Während der Rhöndorfer Konferenz drohte er damit, in einer Großen Koalition als Wirtschaftsminister nicht zur Verfügung zu stehen. Ähnlich ultimativ äußerte sich Franz Josef Strauß, obwohl er keineswegs einen entscheidenden Einfluss auf das Ergebnis der Aussprache hatte, je mehr er vor allem dem Wen zusprach. Schon vor Strauß' Wortmeldung sollen sich die meisten Teilnehmer für eine kleine Koalition mit der FDP und DP, der Deutschen Partei, ausgesprochen haben.

Geschickt sorgte Adenauer dafür, dass die Ergebnisse der scheinbar inoffiziellen Aussprache sich schnell verbreiteten. Rasch bildeten sich durch Presse und Teilnehmerberichte Mythen, am meisten: Adenauer hätte seine Kanzlerschaft opulentem Essen und reichlich Wein zu verdanken.

Die Teilnehmer der inoffiziellen Rhöndorfer Zusammenkunft verfügten tatsächlich über keinerlei demokratische Legitimation für eine endgültige Entscheidung.

Am 15. September 1949 wurde Adenauer erstmals vom Bundestag zum Kanzler gewählt. Es war eine denkbar knappe Abstimmung. Adenauer sorgte mit seiner eigenen Stimme für seinen Amtsantritt.

# Beharren auf der Zoffjetzone und Ignoranz der DDR

Adenauer sprach nach Gründung der Bundesrepublik 1949 niemals von der danach gegründeten DDR, schon gar nicht der Deutschen Demokratischen Republik, sondern bestenfalls im schönen kölschen Duktus von der Zoffjetzone oder abgekürzt SBZ für Sowjetische Besatzungszone.

Nach dem Viermächteabkommen war das bis zur Gründung beider deutscher Staaten 1949 üblich, nach 1949 jedoch immer eine Herabsetzung des Ostens und Diskreditierung.

Bei der Besichtigung des Adenauerhauses fielen Ines und Karl erst im Nachhinein auf, dass der Tourleiter kein einziges Mal den anderen deutschen Staat erwähnte, den es von Oktober 1949 bis November 1989 immerhin auch 40 Jahre gab.

Das lag allerdings ganz im Sinne Adenauers, für den der Osten Deutschlands vor 1945 schon immer ein Gräuel war. Ein tiefsitzender religiöser Grund bestand darin, dass Luther aus Thüringen für die Spaltung der Kirche gesorgt und die protestantische Bewegung in Gang gesetzt hatte. Die Reformation entwickelte sich im Osten viel stärker als im Westen.

*Bild 25: Martin Luther Denkmal in Wittenberg*

Karl erinnerte sich daran, wie er in der Lutherstadt Wittenberg für die BiTS-Iserlohn versuchte, eine Dependance zu eröffnen. Inhaltlich sollte es um die heute viel diskutierte Klimaproblematik, Umweltschutz und nachhaltig zukunftsfähige Technologien gehen, keinesfalls um religiöse Themen.

Als Karl sein erstes kleines Büro dazu in der berühmten Leucorea eröffnete, einer der ehemals bedeutendsten Universitäten Europas, glaubte er schon, in die Lutherstadt umziehen zu müssen. Aber kurz danach übernahm die amerikanische Bildungsgesellschaft Laureate International Universities die Business and Information Technology School und befand, dass die Lutherstadt nicht bedeutend genug für die Gründung einer Filiale war.

Die gibt es jetzt in Berlin und Hamburg ohne Karl, aber das lag auch an seinem nun schon fortgeschrittenen Alter.

Dass Adenauer als frommer Katholik lieber in traditionell katholisch geprägten Bundesländern lebte, ist unbestritten. Er hätte die Reformation von 1517 unter Luthers Führung mit den berühmten Thesen sicher verhindert.

Sein Verhältnis zu dem größten deutschen Reformator charakterisiert folgende Anekdote. Gegenüber dem damaligen Chefredakteur der „Zeit“ soll Adenauer sich über Luther so geäußert haben:

*„Wenn ich damals Papst gewesen wäre, wär´ dat mit der Reformation nit passiert. Ich hätt´ mir den Luther mal kommen lassen, dat war doch `ne vernünftige Mann.“*[30]

Adenauer war schlau genug zu wissen, dass ihn als Katholiken viele Protestanten im Osten nicht gewählt hätten. Völlig unabhängig von der formalen Grenze war ihm Westdeutschland im doppelten Sinne Heimat.

Dass ihm der Westen Deutschlands sympathischer als der Osten war, bewiesen auch seine Aufenthalte in der früheren deutschen Hauptstadt Berlin. Er hasste im Grunde das ganze Preußentum und militärische Gehabe der Generalität. Adenauer fühlte sich in Berlin nie wohl. Als Berlin nach dem Krieg einen Vier-Mächte-

---

[30] Henkels, Walter: Adenauers gesammelte Bosheiten. Eine anekdotische Nachlese. Düsseldorf und Wien 1983, S. 81.

Status erlangte und in der sowjetischen Zone bis auf Westberlin verblieb, mag ihm das heimlich ganz recht gewesen sein.

Er plädierte bei der Frage nach der künftigen Hauptstadt für eine Stadt nahe bei seinem Heimatort Bad Honnef/Rhöndorf.

Dass die Wahl dann auf das nahe Bonn fiel und nicht etwa Frankfurt am Main, konnte ihm nur lieb sein. Mit Sicherheit hatte er alles getan, dass die Wahl so erfolgte. Eine neue deutsche Hauptstadt, wurde kolportiert, müsste zwischen Weinbergen und nicht wie die preußische, zwischen Kartoffelfeldern liegen. Er brauchte durch Bonn nichts zu verändern. Hier siegte lokalpatriotisches Engagement vor staatsbürgerlichen oder wenigstens objektiven Überlegungen.

Die DDR hat Adenauer nicht einmal von weitem angeschaut, nicht einmal beim überraschenden Bau der Berliner Mauer 1961 kam er nach Berlin.

Es lässt schmunzeln, wenn noch Anfang April 2024 die Konrad-Adenauer-Stiftung zur Gründung der DDR schreibt:

„Die Gründung der DDR, getragen durch die sozialistische Einheits- und Staatspartei SED, war die sowjetische Antwort auf die Gründung der Bundesrepublik Deutschland.

Die Sowjetunion weitete nach dem Ende des Zweiten Weltkriegs ihr kommunistisches System auf die von ihr kontrollierten Gebiete in Ostmitteleuropa aus. Besonders im Fokus stand dabei die Sowjetische Besatzungszone (SBZ) in Deutschland, in der bereits 1946 eine Bodenreform durchgeführt wurde. Durch die Zwangsvereinigung von KPD und SPD wurde die Sozialistische Einheitspartei Deutschlands (SED) geschaffen, die mit der Gründung der *so genannten* Deutschen Demokratischen Republik (DDR) am 7. Oktober 1949 zur Staatspartei wurde. Mit der Bundesrepublik Deutschland und der DDR existierten zwei Staaten auf deutschem Boden, die im sich zuspitzenden Kalten Krieg unterschiedlichen Wertesystemen und Militärbündnissen angehörten.“[31]

Wie zu Adenauers Zeiten heißt es hier 2024 noch die „so genannte“ Deutsche Demokratische Republik.

Dass es vielleicht ohne die Bevorzugung des Rheinlandes, Adenauers früheren Träumen von einer „Rheinischen Republik“ oder der Fixierung

---

[31] Geschichte der DDR 1949-1990, https://www.kas.de/de/geschichte-der-ddr-1949-bis-1990, Aufruf vom 21.4. 2024.

auf den Westen gar nicht zur langanhaltenden deutschen Spaltung nach dem Zweiten Weltkrieg hätte kommen müssen, blieb in seinem Haus unerwähnt und wird wohl in der Geschichtsschreibung verblassen.

## Vertane Chance der Stalin-Noten von 1952 für die Einheit

Karl nutzte sein Handy, um während des weiteren Rundganges im Adenauer-Haus herauszufinden, wie man sich hier zu der Stalin-Note positionierte, die schon 1952 ernsthafte Verhandlungen zur Wiedervereinigung möglich gemacht hätte. Dazu suchte er nach Fakten im Internet. Es verschlug ihm ein bisschen die Sprache, wie wenig insgesamt auf die immerhin 17 Millionen Ostdeutschen eingegangen wurde, die unmittelbar von Adenauers Politik mit betroffen waren, angefangen von der Währungsreform bis zur Grenzbefestigung nach Gründung der Bundesrepublik.

Die Position der Sowjetunion gegenüber den anderen drei Siegermächten des Zweiten Weltkrieges wurde mit zunehmendem Kaltem Krieg zwischen Ost und West immer schwieriger. Vorschläge zur Entspannung oder gar „friedlichen Koexistenz" der Systeme fanden kaum Beachtung, auch wenn die in Form einer formellen Note überbracht wurden.

In der Sprache des Diplomaten heißt ein besonders wichtiger Brief Note oder Demarche. Um sicherzugehen, dass sie auf dem Postweg nicht verschwindet, wird sie in der Regel vom Botschafter oder seinem Stellvertreter persönlich überbracht.

Am 10. März 1952 übergab Andrei Gromyko, der stellvertretende sowjetische Außenminister, den drei westlichen Besatzungsmächten (USA, Großbritannien, Frankreich) eine diplomatische Note über die Lösung der deutschen Frage, die nach dem Zweiten Weltkrieg auch nach der Gründung beider deutscher Staaten offen blieb.

Dazu sollte eine Viermächtekonferenz einberufen werden. Die Note enthielt folgende Punkte:

- *Ein Friedensvertrag aller Kriegsteilnehmer mit Deutschland sollte abgeschlossen werden, an dessen Ausarbeitung eine gesamtdeutsche Regierung beteiligt werden solle. Über die Bildung dieser Regierung müssten sich die Alliierten einigen.*

- *Deutschland sollte in den Grenzen, die durch die Beschlüsse der Potsdamer Konferenz der Großmächte festgelegt worden waren, wiedervereinigt werden.*

*- Spätestens ein Jahr nach Inkrafttreten des Friedensvertrages sollten sämtliche Streitkräfte der Besatzungsmächte aus Deutschland abgezogen werden.*

*- Deutschland würden demokratische Rechte, wie beispielsweise Versammlungsfreiheit, Pressefreiheit und ein pluralistisches Parteiensystem zuerkannt werden. (Freie Wahlen wurden allerdings nicht explizit erwähnt.)*

*- Die Entnazifizierung sollte beendet werden.*

*- Deutschland dürfte keinerlei Koalitionen oder Militärbündnisse eingehen, die sich gegen irgendeinen Staat richteten, der mit seinen Streitkräften am Kriege gegen Deutschland teilgenommen hatte.*

*- Deutschland würden keinerlei Handelsbeschränkungen auferlegt.*

*- Die Aufstellung nationaler, zur Verteidigung notwendiger Streitkräfte sowie die dazu nötige Produktion von Kriegsmaterial würden Deutschland gestattet.*[32]

Wie reagierte die Politik gewöhnlich auf einen solchen unerwarteten und im Grunde gar nicht ins

---

[32] https://www.wikiwand.com/de/Stalin-Noten, Aufruf vom 21.4.2024.

Konzept von Adenauer als Kanzler der Westdeutschen passenden Vorschlag?

Karl wusste: In jedem Fall wurde höflich und diplomatisch hinhaltend geantwortet, gerade wenn man die Note inhaltlich noch nicht einmal zur Kenntnis genommen hatte, weil zwischen der Übergabe und der ersten Pressekonferenz dazu einfach keine Zeit blieb. Der Pressesprecher der Bundesregierung wird fragenden Journalisten laut Henkels Erinnerungen so geantwortet haben, nachdem er ein Zeichen erhielt, dass die Note tatsächlich eingegangen ist:

*„Meine Damen und Herren, ich kann die Note bestätigen. Ich kann Ihnen nur sagen, dass jede Note aus Moskau der größten Aufmerksamkeit der Bundesregierung sicher sein kann; wenn das schon generell gilt, so besonders zum jetzigen Zeitpunkt. Die Frage der Regierung der UdSSR ist sehr bemerkenswert, und ich kann ihnen sagen, dass sie eingehend untersucht wird. Nach der ersten Prüfung im Auswärtigen Amt hat sich der Herr Bundeskanzler die Prüfung selbst vorbehalten, um die Note unverzüglich zu beantworten. Wegen der besonderen Bedeutung wird sich auch der Außenpolitische Ausschuss des Bundestages damit*

*befassen. Wenn sie mich nun fragen, ob sich auch der Bundesrat damit befassen wird, so kann ich privat nur sagen: sehr wahrscheinlich. Ich kann nur noch einmal wiederholen: die Note ist höchst interessant.*“ [33]

Solche Floskeln wie „sehr bemerkenswert“ oder „höchst interessant“ sagen bekanntlich inhaltlich nichts zur wirklichen Bewertung.

Adenauer lobte prompt solche Allgemeinplätze, die alles und nichts bedeuten und dann begann eine für die deutsche Einheit bis heute umstrittene Diskussion um die Ernsthaftigkeit der Stalinschen Vorschläge von 1952.

Von den Westmächten war eine sowjetische Aktion wie die Märznote bereits mehr oder weniger erwartet worden angesichts der Tatsache, dass Stalin sich bisher noch nicht in die Westintegration Westdeutschlands eingemischt hatte. Man wollte jedoch keinesfalls Verhandlungen mit der Sowjetunion aufnehmen, solange die Verträge zur Westintegration der Bundesrepublik nicht unterzeichnet waren. Die Antwortnote der Westmächte wurde dementsprechend darauf

---

[33] Henkels, W. a.a.O. S. 79.

ausgelegt, Friedensvertragsverhandlungen vorerst zu verzögern.

Karl fragte sich, welchen Stellenwert die sonst so viel beschworene deutsche Einheit in Wahrheit hatte.

Für Adenauer war die Note ein Bluff Stalins, ohne ernsthafte Handlungsabsicht. Je schneller also die Verhandlungen zum Beitritt in die NATO für die BRD voranschritten, umso weniger Chancen hatten die diplomatischen Bemühungen aus Moskau.

Adenauer fürchtete, dass sie ernstgenommen werden könnten, und tat alles, sie als Scheinangebot zu behandeln. Eine bewährte Methode dazu waren Adenauers „Teegespräche“,[34] wozu er regelmäßig ausgewählte Journalisten in sein Privathaus einlud. Bis zum Erbrechen wiederholte er hierbei seine Auffassung, dass es das Ziel der Sowjetunion sei, Deutschland durch Neutralisierung zu isolieren und die Vereinigung Europas unmöglich zu machen.

Die Frage der deutschen Einheit stellte Adenauer daher hinten an.

---

[34] Küsters, Hands Jürgen (Bearb.) Adenauer Teegespräche.1950-1954, Berlin 1984.

*Bild 26: Adenauers „Kajüte“ in seinem Haus*

Wie wenig der Westen tatsächlich bereit war, für die Wiedervereinigung zu tun, zeigte sich besonders am 13. August 1961, als noch in der Zeit der Adenauer-Regierung die Mauer gebaut wurde. Außer Protestnoten passierte nichts.

Karl schloss seine Internetsuche im Handy ab.

Ihm blieb klar, dass 1952 die in Wahrheit unbeantworteten Stalin-Noten die historische Teilung Deutschland besiegelten. Erstaunlich, wie wenig darüber diskutiert wurde und wie wenig das auch bei den ersten freien Wahlen nach dem Mauerfall 1990 seinen Niederschlag fand. Dass die Ostdeutschen 36 Jahre länger die Folgen des von allen Deutschen verlorenen Krieges allein tragen mussten, spielte keine Rolle.

Realistisch muss man sagen: Schon 1952 wäre ein anderer Weg möglich gewesen, aber er ist nicht einmal ansatzweise beschritten worden. Die Chancen wurden vertan.[35]

---

[35] Steiniger, Rolf: Eine vertane Chance. Die „Stalin-Note" vom 10. März 192 und die Wiedervereinigung. Eine Studie auf der Grundlage unveröffentlichter britischer und amerikanischer Akten, Berlin und Bonn 1986.

## Seilbahnstreit um Ruhe statt Rummel

Die Besichtigung des Adenauer-Anwesens verlagerte sich nach draußen in Richtung der Hänge mit den vielen Rosen und Sträuchern und Blick zum Drachenfelsen. Ines und Karl waren sich einig, dass sie weitere Aufstiege in Richtung der Bocciabahn des Kanzlers nicht mitmachen würden. Ein Blick in den Bungalow, wo Adenauer seine Memoiren schrieb, wollte Karl jedoch unbedingt noch erhaschen.

Der Tourleiter erzählte inzwischen etwas über den bundesweit diskutierten Streit zwischen dem Bäckermeister Profittlich aus Rhöndorf und dem Bundeskanzler. Ersterer entwickelte hier in den fünfziger Jahren eine Idee, die dem Bundeskanzler nicht schmecken konnte.

Zur Geschäftsankurbelung des Tourismus hatte der Konditor Profittlich mit anderen Unternehmern der Region die Idee, eine Seilbahn zum berühmten Drachenfels aus Rhöndorf zu bauen, um mehr Touristen in den Ort zu locken. Es gab zwar schon eine Zahnradbahn von Königswinter aus, aber dadurch kamen ja keine Besucher nach Rhöndorf

Natürlich wäre den Seilbahnnutzern dann potenziell von oben ein Blick auf Adenauers Haus und Garten möglich gewesen. Man kann sich vorstellen, dass viele Touristen eher den Alten von oben sehen wollten als den Drachenfelsen. Adenauer lag an Ruhe statt Rummel um sich und daher sprach er sich zuerst indirekt, dann vehement gegen das Projekt aus.

*Bild 27: Drachenfels von der linken Rheinseite*

Es ist verständlich, dass diesen Kampf von David gegen Goliath viele mit Spannung verfolgten und auch anheizten. Während die einen zustimmten, dass eine Seilbahn den gesamten Blick ins

Siebengebirge verunstalten würde, glaubten andere, dass die privaten Interessen Adenauers höher bewertet wurden als die der Befürworter aus Bad Honnef und der gesamten Region.

Der Spiegel, Heft 8 aus dem Jahr 1959und andere Medien griffen den Streit natürlich genüsslich auf, weil vor allem der Bäckermeister nicht davor zurückschreckte, den Bundeskanzler auch persönlich gegenüber dessen Sohn Georg grob zu beschimpfen. Das dabei auf den Alten gemünzte Schimpfwort eines für die Ausscheidungen wichtigen Körperteils missfiel dem Kanzler.

Er schrieb einen Brief und beschwerte sich offen über Profittlich, der dann zu Kreuze kroch und sich vielmals beim Herrn Bundeskanzler entschuldigte.

Die Seilbahn wurde nicht gebaut.

Der Seilbahnbau wurde als nicht genehmigungsfähig ein für alle Mal abgelehnt, was natürlich überhaupt nichts mit dem prominenten Bewohner von Rhöndorf zu tun habe.

Das Haus Profittlich blieb Touristenattraktion, weil sich natürlich herumsprach, was der Bäckermeister dem Bundeskanzler gegenüber seinem Sohn auf dessen Frage, wie das Schützenfest gewesen sei, antwortete:

*Bild 28: Café Profittlich*

„Sag dingem Vatte er wär en A. loch dat de net mal fönf Menute zu uns komme eß, denn dat wär herrlich geweß. Wenn ich dies gesagt habe, dann sehr lieber Her Dr., dann doch nie und niemals als

Beleidigung, sondern vielmehr in dem Sinne, dass ich mit ihrer Person angeben wollte und einen Besuch von Ihnen meinen Schützen ein einmaliges Erlebnis gewesen wäre“.[36]

Dass der Bäckermeister einknickte, dürfte das Verhältnis zum Bundeskanzler nicht wesentlich verbessert haben. Adenauer blieben lästige Neugierige aus luftiger Entfernung erspart.

---

[36] Henkels, Walter, a.a.O. S. 59/60.

## Autobiografische Inspiration durch den Adenauer-Pavillon

Der Rundgang aller näherte sich dem Gartenpavillon ein Dutzend Meter entfernt vom Haus. Ines und Karl gingen nach kurzem Disput untereinander bis dahin noch mit. Der Guide erklärte, dass sich Adenauer anstelle seines alten Teehauses diesen Pavillon bauen ließ, um hier in Ruhe seine Memoiren schreiben zu können, nachdem er 1963 gegen seinen Willen von den eigenen CDU-Granden aus dem Amt gedrängt wurde.

*Bild 29: Adenauers Pavillon im Rosengarten*

Dass empfand der Kanzler, der sich für unersetzbar hielt und das auch oft genug formulierte, als die größte Abfuhr seines Lebens. Obwohl er schon 87 Jahre zählte, hielt er sich wie bei seinem Amtsantritt für voll einsatzfähig.

Fragen nach seinem Alter hasste er genauso wie Anspielungen, er klebe an seinem Stuhl und den damit verbundenen Privilegien.

Wenn er das Wort „Altbundeskanzler" hörte, bekam er nach Auskunft des sachkundigen Führers eine steife Zunge. Aber er unterbrach sein Schreiben gemeinsam mit seiner Sekretärin keinen einzigen Tag in dem Bungalow. Der Guide fuhr die Verdunkelung hinter den Scheiben hoch und den Besuchern öffnete sich ein Blick in das ästhetisch exakt abgestimmte Gesamtensemble, so wie es der Kanzler liebte. Hier zeigte sich die Handschrift eines Mannes, der auch ein guter Innenarchitekt hätte werden können. Er scheute Vergleiche mit Tizian und sich selbst nicht, in dem er darauf verwies, dass dieser angeblich über 100 Jahre geworden wäre und er selbst noch nicht einmal mit dem Malen begonnen habe.

*Bild 30: Blick in den Kanzler-Pavillon*

Tatsächlich erwiesen sich vor allem die Farbabstimmungen im Pavillon als sehr gelungen. Den Schreibtisch und Sessel hatte der Altkanzler aus seinem Bonner Amtssitz mitgenommen bzw.

dem Staat abgekauft, wie der Tourführer ergänzend nachschob.

Karl war sich sicher, dass der Preis eher symbolischer Art war. Adenauer war die Vorstellung unerträglich, sein Nachfolger Ludwig Ehrhard nehme an seinem Tisch und in seinem Sessel im Amtssitz in Bonn Platz.

Den Schreibtisch hatte ein Schreiner aus Bad Honnef nach Vorstellungen des Kanzlers angefertigt.

Den kleinen Teppich fand Karl persönlich nicht so prickelnd, aber wahrscheinlich schützte er gegen Fußkälte, denn unterkellert dürfte der Pavillon nicht gewesen sein.

Insgesamt fand Karl, dass es sich um ein kreativ inspirierendes Ambiente handelte, in dem es sich bestimmt ungestört schreiben ließ, zumal man auf dem Schreitisch kein Telefon sah.

Vom Kanzlerpavillon ging es wer aufwärts zur Bocciabahn, nunmehr final ohne Karl und Ines, die sich mit viel Dank von den anderen verabschiedeten. Sie hörten gerade noch, dass der Kanzler seine Boccia-Leidenschaft im italienischen Cadenabbia entwickelt hatte, wohin er von 1957 bis 1966 an den Comer See jährlich in Urlaub flog.

*Bild 31: Adenauer-Denkmal von Hans Kloss in Cadenabbia. Wie sehr der Bundeskanzler das Boccia Spiel liebte, beweist dieses Denkmal.*

In Adenauers Urlaubsort hatten auch schon der Zar Nikolaus II. und Kaiser Wilhelm II. ihren Urlaub verbracht, um einen Eindruck von dem mondänen Ort zu vermitteln.

Der Abstieg von Ines und Karl zum Ausgang vollzog sich noch ein bisschen mühevoller als der Aufstieg, aber gelang trotz der etwas unterschiedlichen Stufen.

Unten angekommen, legte Karl großen Wert darauf, den Regenschirm so bewusst zurückzugeben, dass die Empfangsdame dem Tourleiter bestätigen konnte, er könne das Wiedersehen mit dem Schirm feiern.

Karl fühlte sich inspiriert und geradezu beflügelt, weil er durch den Besuch Anregungen für seine eigene Biografie gewonnen hatte. Ihn beschäftigte die Idee, wie sein Leben verlaufen wäre, wenn Adenauer schon 1952 auf die Wiedervereinigung der Deutschen, statt die Westintegration und NATO-Mitgliedschaft gesetzt hätte.

Er wollte seine Autobiografie völlig neu angehen.

# Weinverkostung ohne Bissen

Entgegen anderen Absprachen kam Karls Düsseldorfer Freund Rollo schon nachmittags überraschend nach Bad Honnef. Er hatte in Bonn dienstlich zu tun und von da aus war es ja ein Katzensprung.

Karl beschäftigte das gerade Gesehene und die Einsicht, dass es Adenauer trotz gegenteiliger Proklamation gar nicht so sehr an der Wiedervereinigung lag, sondern vielmehr an der Vereinigung mit dem Westen und der NATO-Mitgliedschaft.

Die Freunde begrüßten sich herzlich. Ines wurde von ihrer Tochter Sylvi zum Singe-Nachmittag abgeholt.

Nicht ohne Stolz schenkte Karl seinem Freund sein neuestes Werk, „Wie die Hohenzollern an die Mark Brandenburg kamen“ mit einem Grußwort vom Chef des Hauses Hohenzollern, Georg Friedrich Prinz von Preußen.

Rollo lästerte, ob Karl jetzt als alter Sozialist doch noch zum Royalisten mutieren würde, zeigte sich aber durchaus beeindruckt.

Sie beschlossen zu einer kleinen Weinverkostung in eine der nahe gelegenen Winzereien zu fahren.

Rolf fuhr seinen Jeep, so dass Karl die Rheinlandschaft aus erhöhter Position genießen konnte. Ohne groß auf die schöne Gegend zu achten, knüpfte der Adenauer-Beeindruckte an die Besichtigungstour an.

„Sag mal, Rollo, warst du zu DDR-Zeiten eigentlich jemals im Osten?“

Der Befragte bejahte etwas überrascht.

„Wozu willst du das wissen. Ist doch jetzt über ein halbes Jahrhundert her. Was soll das ganze OST-West Diskutieren überhaupt.“

Er fuhr direkt am Rhein entlang und meinte.

„Seit diesem Buch von dem Oschmann, der Osten sei eine westdeutsche Erfindung, vertiefen die Leute sich wieder in das alte Thema. Ich finde, das hilft nicht.“

„Also warst du jetzt tatsächlich vor dem Mauerfall im Osten?

„Klar, habe ich doch gesagt. Ich weiß noch ganz genau, dass ich 25,- DM Zwangsumtausch pro Tag bezahlen musste.“

„Ja gut, dafür haben die Leute doch massenhaft schwarz mindestens 1:5 getauscht und die viel preiswerteren Gaststätten und sonstigen Serviceleistungen genutzt."

„Ich habe mir Bücher gekauft," erinnert sich Rollo. „Die waren viel billiger als im Westen und es gab wunderbare preiswerte Bildbände."

„Du erzählst mir hier was. Wahrscheinlich warst du in einem der inoffiziellen Puffs in Ostberlin."

„Das gab es bei euch doch gar nicht!"

„Manche behaupten, es wäre schon für ein Paar Strumpfhosen und Zigaretten alles möglich gewesen."

„Verleumdung! Unsere Mädchen und Frauen doch nicht. Obwohl es so schöne Spottverse gab, wie: >Freie Liebe früh und spät hebt die Arbeitsproduktivität<."

„Das spielt ja jetzt auch keine Rolle mehr. Es ist alles längst vorbei. Dich hat der Besuch im Adenauer-Haus ganz aus der Bahn geworfen."

Karl nickte zustimmend.

„Ich habe jetzt erst begriffen, was meine Sekretärin in Bochum meinte, wenn sie voller Überzeugung sagte: >Ich war noch nie im Osten und da möchte ich auch nie hin<. Sie hat das völlig ernst gemeint. Sie hatte regelrecht Angst vor dem Osten."

„Jetzt übertreibst du."

„Überhaupt nicht. Sie schwärmte im Sommer von der Cote A Zur und im Winter von Skifahren in den Alpen in Österreich. Im Herbst von einem Tauchurlaub in Ägypten und zu Weihnachten von ihrer Schweizer Berghütte."

Er machte eine Pause.

„Was wollte sie in Berlin, Dresden oder Weimar bei miesem Wetter und viel zu wenig Hotels?"

Sie machten an der Rollo bekannten Winzerei Scheidgen in Leutesdorf Halt.

Karl erinnerte sich an eine Weintour mit Freunden in die Pfalz, daher staunte er nicht mehr ganz so über das moderne Ambiente.

Zu der frühen Stunde am Nachmittag war die Vinothek noch nicht so gut besucht und die beiden mit wenigen anderen die bevorzugten Gäste.

Sie begannen mit einem Riesling „Vom Blauschiefer", setzten über einen trockenen Chardonnay bis zu einem Spätburgunder „Blanc de Noir" fort.

„Adenauer," blieb Karl bei seinem Thema, „hat die Leute seiner Kaffeerunde gefügig gemacht, um Kanzler zu werden. Der hatte Chuzpe! Dass er aus dieser weinseligen Gegend nicht in das trockene Berlin wollte, ist mir völlig klar."

*Bild 32: Weingut Scheidgen*[37]

Sie standen an der Bar der Vinothek und schlürften den Wein, während Karl las.

„Im Hause Scheidgen sind Tradition und Fortschritt untrennbar miteinander verbunden. Das prägt die Philosophie unseres Hauses und die hohe Qualität unserer Weine. Sie sind das Ergebnis aus der überlieferten Erfahrung von sieben Generationen, dem sorgsamen Umgang mit Anbauflächen, der Pflege von alten Rebsorten, einer umweltschonenden und intensiven Arbeit im Weinberg und dem Einsatz modernster Kellertechnik. Das Gute von gestern und das Beste von heute."

---

[37] https://www.weingut-scheidgen.de/.

*Bild 33: Scheidgen Vinothek*

Karl wurde hungrig und fragte die freundliche Rheinländerin, die sie bediente, was es denn zu essen gäbe. Sie antwortete im Rheinischen Dialekt:

„En Kalf wat jot süff bruch nit zu fresen."

Die Erklärung war einfach: Man schaffe es nicht, neben den Trinkwünschen auch noch kulinarische Genüsse zu befriedigen.

Rollo lachte. Karl verstand das rheinische Kölsch schwer. Es dauerte eine Weile, bis er begriff, dass es hier nichts zu futtern, sondern nur zu trinken gab.

Adenauer gab sich wenig Mühe, seinen Dialekt in die allgemein übliche Hochsprache zu bringen. Man verstand ihn im Westen. Im Osten galt er ohnehin nur als Reaktionär und Kriegstreiber, weil er den NATO-Beitritt der Bundesrepublik forcierte. Man vergaß ihm seine Denkweise nicht, die in dem schon einmal zitierten Spruch kulminierte:

„Lieber das halbe Deutschland ganz als das ganze Deutschland halb."

Rollo und Karl fuhren beschwingt wieder nach Bad Honnef, einig über die Lagebeurteilung. Was sollte sich der Bundeskanzler aus dem rheinischen Nizza durch Wiedervereinigungsfantasien in die preußische Walachei begeben?

# Schock durch Shots und Digitales

Zum Abschluss des Tages trafen sich Ines und Karl ohne Rollo mit den Honnefer Enkeln und ihren Töchtern beim Mexikaner am Markt in Bad Honnef. Karls Begeisterung für die scharfen Speisen und Mixgetränke hielten sich in Grenzen, aber es sollten ja vor allem die Enkel Spaß haben. Er hatte schon Schwierigkeiten beim Aussprechen des Namens des Etablissements.

„Ayuntamiento".

Es überraschte ihn, dass sich das Restaurant mit Bar schon über 25 Jahre hier hielt, während viele Geschäfte in der Fußgängerzone und in den Haupteinkaufsstraßen mit leeren Schaufenstern neu einen tristeren Eindruck vermittelten als vor zwei Jahren.

Das Stadtbild hatte sich seit Einzug ihrer Tochter hier verschlechtert. Tröstend fand Ines beim Spziergang durch den Ort, dass es wenigstens noch einen Buchladen gab, weil ihrer in Bad Saarow schon seit langem durch Umsatzmangel Pleite ging. Welchen Anteil daran die eigenen bequemen Interneteinkäufe hatte, wollte keiner wahrnehmen.

Natürlich wollten die Jungs einen Cocktail, am liebsten mit Schuss, worauf sich Karl aber vor allem unter dem strengen Blick seiner älteren Tochter nicht einließ. Sein Corona-Bier erinnerte alle an die lange Zeit der strengen Verhaltensvorschriften und Verbote. Die Jungs nahmen das prompt zum Anlass, sich über die geringe Besuchsfrequenz der Großeltern zu beschweren.

„Ihr kommt ja so selten, da erkenne ich euch ja kaum wieder," monierte der Jüngere.

Der Ältere stichelte: „Oma schon, aber Opa ist mit seinem neuen Drei-Tage Bart schwieriger zu scannen".

Sie bestellten sich einen Burger und wir Burritos. Tim zog heimlich an seiner E-Tüte mit heftigem Protest der Mutter und Tante. Karl versuchte es allgemeiner und ohne zu sehr zu belehren.

„Hier ist Rauchen verboten. Das gilt für alle Arten. Wir wollen hier drinnen essen und bei dem Wetter mit Regenschauern nicht auf der Straße".

Der Kellner kam schnuppernd vorbei.

„Qualmt hier jemand?"

„Ich huste so schon genug", nahm Karl seinen Enkel in Schutz und blaffte zum Beweis kräftig los. Der Servicemann wich zurück und Tim unterließ das Unerlaubte.

„Ihr müsst unbedingt bald mal in das Adenauer-Haus und in der Pfarrkirche das Kirchenfenster suchen, wo der Alte als Indianerhäuptling dargestellt ist."

Die Jungs sahen sich an, als hätte ihr Großvater ihnen die Aufgabe gegeben, „Dress" zu erledigen, eine Scheißarbeit, wie die Kölner sagen. Sie waren sich einig. Aus Spaß nutzten sie kölsche Ausdrücke.

„Der alte Adenauer war doch en „Eselskoop", ne „Knollekopp" und „Jriesgram."

„Wieso du dir dessen Haus überhaupt anschaust, wo der doch die Ossis sowieso nicht mochte., der alte Klüngeler."

„Der „Ohrebläser „und Nöttelfönes."

Für die „Bunnestang" fanden der Youngster kein Interesse.

Karl versuchte, seine Enkel zu verstehen, obwohl sie eigentlich wenig kölsch sprachen. Meist tauschten sie sich in ihrem Slang aus.

„Ahnma, was der Alte meint!" sollte bedeuten, versuche mal zu verstehen, was er sagte.

Sie lachten über den „Banalverkehr über eine Bambusleitung" eines „Bre" und meinten die Harmlosigkeit des langsamen Chatverlaufs eines Freundes. Sie fanden die „Borderitis", das ständige

Grenzen setzen, ätzend und mochten es, sich gegenseitig zu bashen.

Sie wüssten schon, wann sie „Screenitus“ hätten, weil sie zu viel auf den Bildschirm starten und fänden jetzt mal einen richtigen Shot gut.

Karl ließ sich gegen viel Protest der Frauen doch überreden, einen Shot Tequila auszugeben, aber nur für die „Männer“. Einen weiteren wehrte er klar ab, indem er erklärte, auf wessen Nacken denn die ganze Bewirtung ginge. Auch ein Angebot von Tim, das eigene Taschengeld für einen weiteren Shot zu nutzen, schmetterte er erfolgreich ab.

*Bild 34: Berlin Blick*

Vor dem Aufbruch lud er die Jungs zum wiederholten Mal nach Berlin ein, um die

Unterschiede zwischen dem provinziellen Bad Honnef inklusive Rhöndorf zur Berliner Hauptstadt deutlich zu machen.

Die Jungs zeigten sich erstaunlich offen für eine Reise in den Osten, noch dazu, wo er vielleicht einen Flug von Köln/Bonn nach Berlin spendieren würde, weil die ICE-Verbindung immer noch nicht viel preiswerter wäre und ja keiner sicher sein könne, dass die Bahn auch fährt.

Karl referierte ein bisschen zu lang darüber, dass der Geburtsort und die östliche Herkunft nichts damit zu tun hätten, was einen ausmacht oder einer schafft. Schlauheit und Leistung hingen nicht von der Himmelsrichtung der Geburt oder des Wohnens ab.

Er erinnert daran, dass Mitte der Neunzigerjahre nur mit viel Mühe die Verlegung der Hauptstadt von Bonn nach Berlin Zustimmung im Bundestag fand. Lediglich 338 Abgeordnete stimmten für Berlin, 320 dagegen. Das zeigt, wie tief die Spaltung ging und bis heute geht.

Karl kam den ganzen Rest des Abends nicht vom Thema Adenauer und den Stalin-Noten los. Noch vor dem Einschlafen murmelte er:

„Dabei hätte eventuell doch schon 1952 die Einheit mit Neutralität Deutschlands verbunden werden können. Aber Stalins Noten wurden ja abgetan und von Anfang an nicht ernst genommen. Ohne die NATO-Osterweiterungspläne gäbe es auch den Ukrainekrieg nicht."

Dann richtete er sich zum Erschrecken seiner Frau noch einmal auf und teilte ihr seinen Entschluss mit.

„Ich werde nach Moskau reisen, um mir im Archiv die bisher geheim gehaltenen Stalin-Akten zu seinen Deutschland-Noten anzusehen."

„Erschrick mich nicht mit deinen skurrilen Ideen und schlaf besser. Wir haben morgen die lange Autofahrt vor uns."

Beim Abschied erzählte seine Frau Ines ihren Töchtern von der neusten Idee ihres Vaters. Noch während des letzten gemeinsamen Frühstücks googelten Debby und Sylvi. Sie beruhigten durch eine Korrektur.

„Dady, da brauchst du nicht nach Moskau zu reisen, was jetzt in Kriegszeiten sowieso schwierig sein dürfte, denn es gibt ja keine Direktflüge mehr. Stalins Nachlass wurde digitalisiert. Sieh mal nach unter „Stalin Digital Archive."[38]

---

[38] The Stalin Digital Archive contains a selection of documents from Fond 558, which covers Stalin's personal biography, his work in government, and his conduct of

# Inhalt



---

foreign affairs.
https://www.stalindigitalarchive.com/frontend/Aufruf vom 24.4. 2024.

# Dank für Fotos und Unterstützung

Der Autor dankt

- der Stiftung Bundeskanzler-Adenauer Haus Bad Honnef, Claudia Waibel
- der Buchhandlung Werber in Bad Honnef, Petra Knickeberg
- dem Seminaris Hotel Bad Honnef, Marius Stoffel
- dem Weingut Scheidgen, Leutesdorf, Birgit Lülsdorf und Sabine Witt
- dem Cafè Profittlich, Bad Honnef/Rhöndorf, Karla und Peter Profittlich
- doerte-winkler.net, Bad Honnef, Dörte Winkler
- dem Brandenburgischen Akademieverlag Bad Saarow, Dr. Astrid Böger
- sowie Dr. Elisabeth Berner, Fürstenwalde/Spree für eine Durchsicht des Manuskripts.

# Über den Autor

**Wolf D. Hartmann**

Wirtschaftsingenieur und Autor. Er war Hochschuldozent und Prof. an der Hochschule für Ökonomie in Berlin bis 1986, bis 1989 Direktor des Modeinstituts der DDR; seit 1993 nebenberuflich Professor an der Privaten Universität Witten/Herdecke, zunächst in der Fakultät für Umwelttechnik und dann im Institut für kulturvergleichende Wirtschaftsforschung; seit 2001 auch Gastprofessor für EVONETIK an der BTU Brandenburgischen Technischen Universität Cottbus. Danach Gastprofessor in Zentralasien und in Kiew und freiberuflich beratend tätig.

Er ist Mitglied der Europäischen Akademie der Wissenschaften und Künste Salzburg und Träger des B.A.U.M. Umweltpreises.

Publikationen: www.wolf-d-hartmann.de

Hartmann, Wolf D. und Guido Strohfeld: Wie die Hohenzollern in die Mark Brandenburg kamen. Brandenburgischer Akademieverlag, Bad Saarow 2023,
***ISBN 978-3-910628-04-5***

Hartmann, Wolf D., Stefan Koch und Markus Mollitor (Hrsg.): Christian Mentzel (1622-1701): Kulturhistorisches Kolloquium zum 400. Geburtstag. - Edition Mentzeliana. Sonderausgabe, Brandenburgischer Akademieverlag, Bad Saarow, 2022,
***ISBN: 978-3-910628-00-7***